MAINZER PHILOSOPHISCHE FORSCHUNGEN
HERAUSGEGEBEN VON GERHARD FUNKE
BAND 30

Rationalität und Begründung

DAS GRUNDLAGENPROBLEM
IN DER PHILOSOPHIE KARL POPPERS

VON HEINZ WEINHEIMER

1986

BOUVIER VERLAG HERBERT GRUNDMANN · BONN

CIP-Kurztitelaufnahme der Deutschen Bibliothek
WEINHEIMER, HEINZ:
Rationalität und Begründung: d. Grundlagenproblem in d. Philosophie Karl Poppers/von Heinz Weinheimer. — Bonn: Bouvier, 1986.
(Mainzer philosophische Forschungen; Bd. 30)

ISB N 3-416-01987-3

NE: GT

ISS N 0076-2776

 Umschlaggestaltung: Anna Braungart. Druck und Einband: Druckerei Plump KG, Rheinbreitbach.

INHALTSVERZEICHNIS

EINLEITUNG

Wahre Philosophie ist keine Geheimlehre, die innerhalb eines Zirkels Eingeweihter von einer Generation auf die nächste vererbt und sorgsam gehütet wird; wahre Philosophie bewegt - und will auch bewegen - die Geister jener, die, obwohl selbst keine Philosophen, im Laufe ihres Lebens an den geistigen Auseinandersetzungen ihrer Zeit, sei es aktiv, sei es passiv, teilhaben.

In diesem Sinne ist die Philosophie Karl Poppers, der sogenannte "kritische Rationalismus", "wahre" Philosophie - ruft sie doch seit über zwei Jahrzehnten nicht nur im Kreise der Philosophen, sondern auch bei Natur- und Sozialwissenschaftlern, Historikern, ja auch bei Politikern eine kaum übersehbare Reaktion hervor[1].

Gewiß: quantitative Aussagen dieser Art sagen nur wenig über die Sache selbst. Und eben diese Sache, der kritische Rationalismus, scheint in jüngster Zeit in Schwierigkeiten geraten zu sein: von verschiedenen Seiten wird er angegriffen (aber dies erweist sich bei genauerem Hinsehen eher als eine Art Lebenselexier!), von anderen aber schlicht - totgesagt[2].

Ist der kritische Rationalismus am Ende[3]? Hat er den Zugang zu anderen Philosophien verloren, sich "ideologisch festpolemisiert und intellektuell fehlentwickelt", wie H. Spinner schreibt?[4]

Dies ist meiner Meinung nach nicht der Fall. So soll es Aufgabe dieser Arbeit sein, diese Behauptung zu stützen, indem die Grundlagenkonzeption des kritischen Rationalismus[5] auf ihre Stringenz hin untersucht wird.

Im Zentrum der Arbeit steht die Grundlagenproblematik in der Philosophie Poppers - diese Grundlagen freizulegen, ihre Tragfähigkeit zu testen und Mängel bzw. Unterlassungen auszubessern, ist die Aufgabe, die sie zu erfüllen hat.

Das Ziel ist also eine stringente Grundlagenkonzeption des kritischen Rationalismus. Dabei muß in einigen Punkten über Popper hinausgegangen werden.

Es empfiehlt sich daher folgende Vorgehensweise:
In den ersten beiden Kapiteln soll gezeigt werden, auf welchem Wege Popper, getrieben von Problemstellungen, die sich aus seiner eigenen Philosophie ergeben, auf das Grundlagenproblem hinarbeitet. Dieser Teil der Untersuchungen wird sich fast ausschließlich mit seinen beiden ersten Werken, den "Grundproblemen der Erkenntnistheorie" und der "Logik der Forschung" beschäftigen.

Den Ausgangspunkt, das erste Kapitel, bildet dabei die Erörterung wissenschaftstheoretischer Fragen. Hier hatte Popper sich bereits in seinen ersten Schriften mit der Philosophie des Wiener Kreises auseinanderzusetzen; dabei wird auch das kritische Verhältnis zwischen Wittgenstein und Popper zu klären sein. Es wird gezeigt, wie Popper bei der Behandlung des Basisproblems über die reine Wissenschaftstheorie hinausgreifen und methodologische Festsetzungen einführen muß; dies ist das Ergebnis der ersten "Entwicklungsstufe" des Grundlagenproblems.

Folgerichtig wird das zweite Kapitel die Überlegungen im Bereich der Methodologie zum Gegenstand haben; hier erwuchs Popper mit der Position des Konventionalismus ein neuer "Gegner", mit dessen Konzeption es sich auseinanderzusetzen galt, da diese der eigenen zum Teil gerade entgegengesetzt ist. Am Schluß dieses Kapitels werde ich dann in der Lage sein, eine Reihe von Kritiken an der Popperschen Position zurückzuweisen. Aber auch die Überlegungen zur Methodologie bleiben, wie schon die wissenschaftstheoretischen Fragestellungen im ersten Kapitel, in gewisser Weise unvollständig - ein Indiz für das Hinarbeiten auf das Grundlagenproblem; damit ist die zweite "Entwicklungsstufe" abgeschlossen.

Das dritte Kapitel schließlich behandelt das zentrale Problem dieser Arbeit, die Frage nach den Grundlagen des kritischen Rationalismus, welche Popper ausführlich erst in seiner "Offenen Gesellschaft" untersucht. Hierbei sind Popper und einige seiner Schüler (Bartley, Albert) verschiedene Wege gegangen. Es wird gezeigt, daß sich deren Konzeptionen, was das Grundlagenproblem anbelangt, kaum aufrecht erhalten lassen, die Poppersche allerdings auch einer Ergänzung bedarf, einer Ergänzung freilich, die über die Position des kritischen Rationalismus hinausgreift und zur Grundlage aller sprachlich sich äußernden Philosophie gehört; es ist dies eine Position, die ich als "fundamentalen Rationalismus" bezeichnen werde.

Damit sollte auch klar sein, was diese Arbeit *nicht* ist: sie ist keine Einführung in die Poppersche Philosophie und kann infolgedessen auch nicht alle Bereiche des kritischen Rationalismus durchleuchten (so bleibt beispielsweise die Auseinandersetzung mit Thomas Kuhn weitgehend ausgeklammert und damit auch der Problemkreis Irrationalismus und Geschichte, da dies für die oben skizzierte Aufgabenstellung nicht von Belang ist; dasselbe gilt für die Auseinandersetzung um die Begriffe "Wahrheitsnähe", "Indeterminismus" und teilweise auch für die Wahrscheinlichkeitsproblematik).

Bevor wir nun mit der Untersuchung beginnen, sei noch ein Wort zur Terminologie vorausgeschickt:

Der Leser wird in Poppers Schriften nach exakten Definitionen seiner Begriffe vergeblich suchen. Und dies aus gutem Grund: Popper hält eine exakte Definition aller verwendeten Begriffe für logisch unmöglich, da dies zu einem infiniten Regreß führe. Definiert man nämlich einen bestimmten Begriff, so sind zu dessen Definition andere Begriffe vonnöten, die nun ihrerseits definiert werden müßten, usw[6]. Popper geht sogar noch weiter und behauptet, daß alle in den Wissenschaften wesentlichen Begriffe undefiniert seien; wissenschaftliche Behauptungen würden nie vom Sinn unserer Begriffe abhängen[7], Worten käme eher eine technische Rolle bei der Formulierung von Theorien zu[8].

Dieser Argumentation habe ich mich weitgehend angeschlossen, also auf Versuche, bestimmte Begriffe exakt zu definieren, verzichtet. Um der Klarheit willen war freilich in einigen Fällen nötig, nähere Erläuterungen zu gewissen Begriffen zu geben, allein schon um der teilweise recht großzügigen Umgangsweise mit Begriffen in der Popperschule zu begegnen.

An dieser Stelle möchte ich die Gelegenheit benutzen, den beiden Betreuern dieser Arbeit, Prof. Dr. G. Funke und Prof. Dr. Th. Seebohm für ihre freundliche Unterstützung zu danken. Ihre zahllosen Ratschläge und Hinweise haben diese Arbeit um wesentliche Aspekte bereichert.

1. POPPER UND DER WIENER KREIS

Poppers kritische Auseinandersetzung mit der Philosophie des Wiener Kreises kann man ungefähr auf die erste Hälfte der dreißiger Jahre datieren; einer Zeit also, in die Poppers erste große Publikation, die "Logik der Forschung", fällt. Diese Kontroverse spielt sich weitgehend auf dem Felde der Wissenschaftstheorie ab, bildet allerdings nicht, wie öfter zu hören ist, den Ausgangspunkt der Popperschen Philosophie - den größten Teil seiner Grundansichten hatte er, wenn auch in rudimentärer Form, bereits einige Jahre zuvor entwickelt.

Auf den letzten Punkt soll im Folgenden als erstes eingegangen werden. Dabei dürfte klar sein, daß hier von einem systematischen Zusammenhang der Gedanken, wie Popper ihn in seinen ersten Werken vorlegt, noch nicht die Rede sein kann.

Mit den Problemen und Lösungsversuchen, die im Wiener Kreis diskutiert wurden, stecken wir dann das Feld der Auseinandersetzung mit Popper ab. Da der Einfluß Wittgensteins auf den Kreis zumindest anfangs recht groß war, sodaß Popper sich zu einer ausführlichen Kritik am "Tractatus" veranlaßt sah, muß auch auf diesen Punkt eingegangen werden. Es wird sich zeigen, daß Poppers Kritik an Wittgenstein unzutreffend ist - sie zielt vielmehr auf das Wittgensteinbild des Wiener Kreises. Die Auseinandersetzung mit letzterem besteht Popper "unbeschadet", während sich der Kreis eine Reihe seiner ursprünglichen Positionen aufzugeben genötigt sieht.

Eine besondere Rolle fällt dabei dem sogenannten Basisproblem zu. Hier wird deutlich, wie die Problemsituation Popper zu einer methodologischen Konzeption zwingt, mit der er über den Bereich der reinen Wissenschaftstheorie bereits hinausgreift. Damit erweist sich die Erörterung in unserem ersten Kapitel als die erste "Entwicklungsstufe" des Grundlagenproblems bei Popper. Sie führt zwangsläufig zu einer Auseinandersetzung mit dem Konventionalismus. Dies wird dann Gegenstand des folgenden Kapitels sein.

1.1. POPPERS URSPRÜNGLICHE GEDANKEN

Das entscheidende Jahr für Poppers intellektuelle Entwicklung war nach eigenen Aussagen das Jahr 1919[1]. Popper hatte sich damals von der marxistischen Theorie abgewandt. Der blutige Zusammenstoß von Arbeitern und Polizei in der Hörlgasse in Wien veranlaßte ihn nach eigenen Angaben, die Position des Kommunismus, die er bis dato vertreten hatte, zu überdenken[2]. Er fand sie ungenügend begründet und verurteilte seine eigene, unkritische Haltung dieser Theorie gegenüber[3].

Auf diesem Wege stieß Popper auf die Fragen nach der Begründung von Theorien, nach ihrer Wahrheit und Wissenschaftlichkeit; Fragen, die ihn sein Leben lang beschäftigen sollten. Konnte beispielsweise eine Wissenschaft das notwendige Kommen des Sozialismus vorhersagen? Popper bezweifelte dies, er bezweifelte nun die Sicherheit wissenschaftlicher Theorien überhaupt. So war der Grundstein zu seiner Theorie des Fallibilismus gelegt. Später schreibt er darüber in seiner Autobiographie: "Meine Begegnung mit dem Marxismus war eines der wichtigsten Ereignisse meiner intellektuellen Entwicklung. Sie lehrte mich Dinge, die ich nie vergessen habe; sie lehrte mich die Weisheit der sokratischen Bemerkung "ich weiß, daß ich nichts weiß"; sie machte mich zu einem Fallibilisten..."[4]

Im selben Jahr hörte Popper von Einstein und dessen Relativitätstheorie. Ihn faszinierte damals nicht nur, daß damit die Newtonsche Theorie, die bis dahin unglaublich erfolgreich war, durch eine bessere ersetzt werden sollte, sondern vor allem Einsteins Haltung seiner eigenen Theorie gegenüber: "Was mich damals am meisten beeindruckte, war Einsteins klare Feststellung, daß er seine Theorie als unhaltbar aufgeben würde, falls sie gewissen Überprüfungen nicht standhielte."[5] Einsteins Prognosen, die er aus seiner Theorie folgerte, wurden bekanntlich 1919 durch Eddington bestätigt.

1.1.1. DAS ABGRENZUNGSPROBLEM

Ähnlich wie den Marxismus betrachtete Popper nun auch die Psychoanalyse und Adlers Individualpsychologie - er hatte eine zeitlang in A. Adlers Erziehungsberatungsstellen gearbeitet[6]. Was unterschied diese von physikalischen Theorien? Er fand heraus, daß jene Theorien alles, was in ihren Bereich fällt, erklären. Keine mögliche Tatsache konnte ihnen widersprechen. Diesen Theorien war sozusagen die Theorie ihrer eigenen Unwiderlegbarkeit miteingebaut[7]. Und dies widersprach Einsteins kritischer Haltung. Popper nannte daher die erwähnten Theorien "pseudowissenschaftlich"[8]. Demgegenüber meinte er in Einsteins Haltung die richtige Einstellung zur Wissenschaft zu finden: "Das, meinte ich, war die wahre wissenschaftliche Haltung. Sie war grundverschieden von der dogmatischen Einstellung ... So kam ich, gegen Ende des Jahres 1919, zu dem Schluß, daß die wissenschaftliche Haltung die kritische war; eine Haltung, die nicht auf "Verifikation" ausging, sondern kritische Überprüfungen suchte ..."[9]

Popper sah also Wissenschaft einer "Pseudowissenschaft" gegenübergestellt. Was aber machte nun den Unterschied zwischen beiden aus? Dieses Problem der Abgrenzung der Wissenschaft von den sogenannten Pseudowissenschaften[10] nennt Popper das *Abgrenzungsproblem*[11] (erst später wandte er sein Abgrenzungskriterium auf die Metaphysik an[12]). Eine Theorie kann nach Popper nur dann als wissenschaftlich gelten, wenn sie durch mögliche Tatsachen widerlegt werden kann. Eine wissenschaftliche Theorie muß also gewisse Tatsachen verbieten; sie muß anhand von Prognosen, die aus ihr deduziert worden sind, überprüft werden können.

Damit hatte Popper sein *Abgrenzungskriterium*, nämlich die Prüfbarkeit oder *Falsifizierbarkeit*, gefunden[13]. Entscheidend für den Wissenschaftscharakter einer Theorie ist demnach, daß sie (über Prognosendeduktion und modus tollens[14]) falsch sein *kann*: "Nur solche Sätze sagen etwas über die "Erfahrungswirklichkeit" aus, die an ihr scheitern können; das heißt von denen man angeben kann, unter welchen Bedingungen sie als empirisch widerlegt zu betrachten sind."[15] Dieses Abgrenzungskriterium stellt einen der zentralen Punkte der Popperschen Philosophie dar[16]. Stets hat er aber betont, daß es nur als ein Vorschlag anzusehen sei[17].

Poppers Abgrenzungskriterium war also ein Resultat seiner Überlegungen im Jahre 1919. Später faßte er rückblickend seine grundlegenden Gedanken hierzu wie folgt zusammen:

"(1) It is easy to obtain confirmations, or verifications, for nearly every theory ...
(2) Confirmations should count only if they are the result of risky predictions ...
(3) Every "good" scientific theory is a prohibition: it forbids certain things to happen. ...
(4) A theory, which is not refutable by any conceivable event is nonscientific. Irrefutability is not a virtue of a theory (as people often think) but a vice.
(5) Every genuine test of a theory is an attempt to falsify it, or to refute it. Testability is falsifiability ..."[18]

1.1.2. DAS INDUKTIONSPROBLEM

Als Induktionsproblem bezeichnet Popper die Frage nach der Geltung oder Begründung der allgemeinen Sätze empirischer Wissenschaften[19]. Denn obwohl immer nur eine endliche Anzahl von Ereignissen beobachtbar ist, stellen die Naturwissenschaften allgemeine Sätze, Allsätze, auf. Auch mit diesem Problem beschäftigte Popper sich schon recht früh: "Ich begann die Arbeit am Induktionsproblem 1923 und fand die Lösung etwa 1927."[20]

Den Ausgangspunkt für Poppers Überlegungen bildete hierbei D. Hume, dem Popper insoweit zustimmte, als er die logische Rechtfertigung des Induktionsschlusses in Zweifel zog[21]. Popper schloß sich Humes Zurückweisung der Induktion an, betrachtete das Problem aber ausschließlich als ein Problem der logischen Beziehung zwischen singulären Sätzen und allgemeinen Theorien[22]; also nicht als ein Problem, das unsere Überzeugungen betrifft[23]. In dieser Weise ist für ihn das Problem lösbar: "Die Lösung ist, daß es keine Induktion gibt, weil allgemeine Theorien nicht aus singulären Sätzen ableitbar sind."[24]

Damit aber kann allgemeinen Wirklichkeitsaussagen niemals ein positiver Geltungswert zuerkannt werden, wohl aber ein negativer. Da nun alle wissenschaftlichen Theorien aus solchen Allsätzen bestehen, sind wissenschaftliche Theorien *niemals verifizierbar*[25]. So hat Popper das Induktionsproblem auf das Abgrenzungsproblem zurückgeführt[26] - die Methode der Induktion sei also für die empirischen Wissenschaften inakzeptabel[27].

Die Lösung des Induktionsproblems erwies sich für Popper als sehr fruchtbar, denn sie führte ihn zu einer "neuen Theorie der Methode der Wissenschaft: zur kritischen Methode, der Methode von Versuch und Irrtum. Es ist die Methode, kühne Hypothesen aufzustellen und sie der schärfsten Kritik auszusetzen, um herauszufinden, wo wir uns geirrt haben."[28]

1.1.3. DER FALLIBILISMUS

Wissenschaftliche Tätigkeit geht nach Popper nicht auf Verifikation von Theorien aus - eine

Verifikation der wissenschaftlichen Theorien ist, wie im letzten Abschnitt gesehen, unmöglich - sondern sucht nach kritischer Überprüfung. Hier stand Einstein mit seiner Relativitätstheorie Pate: "Wenn Newtons Theorie, die auf das strengste überprüft war, und die sich besser bewährt hatte, als ein Wissenschaftler je hätte träumen können, sich als unsichere und überholbare Hypothese entpuppt, dann war es hoffnungslos, von irgendeiner physikalischen Theorie zu erwarten, daß sie mehr als hypothetischen Status errreichen könne."[29]

Dies führt uns zu einem weiteren wichtigen Gedanken der Popperschen Philosophie, dem *Fallibilismus*. "Meine Auffassung implizierte, daß wissenschaftliche Theorien, es sei denn, daß sie falsifiziert werden, für immer Hypothesen oder Vermutungen bleiben müssen."[30] Sicheres Wissen gibt es demnach nicht, unsere Erkenntnis ist fallibel und wird es immer bleiben[31]. Allerdings nannte Popper diese Idee der "Unsicherheit oder Fehlbarkeit aller menschlichen Theorien" erst geraume Zeit später "Fallibilismus"[32].

1.1.4. METAPHYSIK UND REALISMUS

Wichtig für die spätere Auseinandersetzung mit dem Wiener Kreis ist auch Poppers Haltung zur Metaphysik: er lehnt sie keineswegs ab. Sein Abgrenzungskriterium wollte niemals, auch wenn er es später auf die Metaphysik anwandte, diese als sinnlos abtun[33], sondern eher die Begriffe "Wirklichkeitswissenschaft" und "Metaphysik" definieren[34]. Er sieht seine Aufgabe nicht darin, "...die Metaphysik zu überwinden, sondern darin, die empirische Wissenschaft in zweckmäßiger Weise zu kennzeichnen..."[35].
Außerdem erkannte Popper, daß metaphysische

Theorien oft Vorläufer wissenschaftlicher Ideen waren[36], ja er meint, daß alle empirischen Wissenschaften aus der Metaphysik hervorgegangen sind[37]. Darüber hinaus betonte er immer wieder, sein Denken enthalte eine Reihe metaphysischer Überlegungen[38]. Später vertrat Popper sogar die Ansicht, metaphysische Probleme und Theorien könnten rational diskutiert und kritisiert werden[39].

In dieser Weise will Popper auch seinen *Realismus* verstanden wissen, den er zeitlebens vertreten hat. Die Existenz der Außenwelt stand für ihn nie in Zweifel - die entgegengesetzte Auffassung hat er nie ernst genommen[40]. Der Realismus war also bereits Teil seiner Gedanken, bevor er in die Diskussion mit dem Wiener Kreis eintrat.[41]

Die Grundposition des Realismus aber liegt gemäß dem Abgrenzungskriterium außerhalb des Bereiches der empirischen Wissenschaften. Popper schreibt daher später folgerichtig: "Realism ... is a metaphysical theory, but it seems to me of the utmost importance for epistemology."[42]

Zum Schluß sei noch erwähnt, daß Popper sich immer auch als Empirist bezeichnet: "I was, and still am, an empirist of sorts..."[43] Sein Empirismus betont die Tatsache, daß, wenn auch alle Erfahrung "theoriengetränkt" ist, es dennoch letztlich der Erfahrung zufällt, über das Schicksal von Theorien zu entscheiden - nämlich durch die Prüfung der Theorie[44]. Das an dieser Stelle auftretende Basisproblem wird an späterer Stelle erörtert[45]

1.2. DER WIENER KREIS

Der Wiener Kreis hatte sich aus einem Seminar M. Schlicks entwickelt[1]. Dieser war 1922 nach Wien auf den Lehrstuhl für die Philosophie der induktiven (!) Wissenschaften berufen worden. Er hatte bei M. Planck promoviert und war bereits mit einer Schrift über die philosophischen Auswirkungen der Relativitätstheorie hervorgetreten ("Raum und Zeit in der gegenwärtigen Physik", 1917)[2]. Um Schlick bildete sich in Wien bald ein Kreis nicht nur von Schülern, sondern auch von philosophisch interessierten Gelehrten aus den unterschiedlichsten Fakultäten; hier fanden sich Carnap, Neurath, Hahn, Waismann, Zilsel, Feigl, v. Juhos, V. Kraft, Menger, Gödel u.a. zusammen[3]. Sie alle verband ein gemeinsames Interesse an bestimmten Problemen, über die man offen miteinander diskutierte. So erinnerte sich später Carnap: "Characteristic for the Circle was the open and undogmatic attitude in the discussions."[4] Fast allen war ein "extremer Respekt" vor den Naturwissenschaften und der Mathematik und gleichzeitig eine "extreme Abneigung" gegen alle Formen von Metaphysik eigen[5].

Der erste Schritt in die Öffentlichkeit war eine programmatische Schrift, die 1929 unter dem Titel "Wissenschaftliche Weltauffassung. Der Wiener Kreis." erschien[6]; Hahn, Neurath und Carnap zeichneten sich dafür verantwortlich. Darin legten sie erstmals ihre gemeinsamen Auffassungen nieder. Mit der Zeitschrift "Erkenntnis", die Reichenbach und Carnap ab 1930 herausgaben[7], besaß der Kreis auch ein eigenes Publikationsorgan. Seit der Tagung in Prag im Jahre 1929 entwickelte sich der logische Empirismus des Wiener Kreises zu einer internationalen Bewegung[8]; weitere internationale Kongresse folgten, bis 1939 der Ausbruch des zweiten Weltkrieges dem ein Ende setzte; im selben Jahr fand der letzte dieser Kongresse in Cambridge, Mass. statt.

Schlick war bereits 1936 von einem geistesgestörten Schüler erschossen worden, und der Anschluß Österreichs 1938 trug dazu bei, daß die meisten Mitglieder des Kreises - es waren eine ganze Reihe jüdischer Abstammung - nach England oder Amerika auswanderten[9]. So schreibt V. Kraft, der Chronist des Kreises, die Arbeit der logischen Empiristen sei nicht abgeschlossen, sie sei abgebrochen worden[10].

Konnte sich anfangs der Wiener Kreis auf ein breites, gemeinsames Fundament der Auffassungen berufen, so zeitigte die Entwicklung der einzelnen Mitglieder ein breites Spektrum zum Teil gegensätzlicher Standpunkte[11]. Die folgenden Ausführungen beziehen sich weitgehend auf die Anfangsphase des Kreises und können daher beanspruchen, Auffassungen darzustellen, über die großenteils Einigkeit herrschte.

Doch vor der Untersuchung der Philosophie des logischen Empirismus soll, in der zu Gebote stehenden Kürze, eine Auseinandersetzung mit L. Wittgenstein ihren Platz haben, dessen "Tractatus logico-philosophicus" lange Zeit als die "Bibel" des Positivismus galt.

1.2.1. WITTGENSTEIN UND DER WIENER KREIS

Wittgenstein gehörte nie dem Wiener Kreis an. Trotzdem war sein Einfluß auf diesen - und zwar insbesondere in der Anfangsphase - beträchtlich; darin sind sich alle Darstellungen einig[12]. Sein "Tractatus logico-philosophicus" (TLP)[13] wurde von den logischen Empiristen teilweise Satz für Satz gelesen und interpretiert - die Zustimmung war dabei freilich keineswegs einhellig. So schreibt Carnap in seiner Autobiographie: "Wittgenstein's book exerted a strong influence upon our Circle. But it is not correct to say that the philosophy of the Vienna Circle was just

Wittgenstein's philosophy."[14] Groß war Wittgensteins Einfluß, was die Auffassungen über Sinn, Sprache und Philosophie betraf - wenn auch der Kreis sich dabei eine Interpretation zu eigen machte, die wohl kaum den Intentionen Wittgensteins entsprach. Doch davon wird später noch zu handeln sein.

Besonders stark von Wittgenstein beeindruckt zeigte sich M. Schlick[15], der als einer der wenigen sich seit 1927, als Wittgenstein zeitweise in Wien weilte, mit diesem traf. Außer Schlick waren bei diesen Begegnungen noch F. Waismann und meist auch R. Carnap zugegen[16]. Die behandelten Themen bewegten sich fast ausschließlich im Problemkreis des Tractatus, und wenn man Carnap hier Glauben schenken darf - Wittgenstein und er blieben sich ziemlich fremd - so bestanden die Diskussionen (wegen Wittgensteins "Übersensibilität") in der Hauptsache aus Erläuterungen Wittgensteins zu seinen Gedanken in diesem Werk[17]. Mit Schlick und Waismann korrespondierte Wittgenstein bis 1936, dem Todesjahr Schlicks[18].

1.2.1.1. WITTGENSTEINS ANLIEGEN

Wittgensteins Grundanliegen im Tractatus - und nur dieser soll hier besprochen werden - war keineswegs ein positivistisches; ganz im Gegenteil, seine Absichten waren ethischer und metaphysischer Natur. So schrieb er an Ludwig von Ficker über sein Werk und seine Intention: "Der Stoff wird ihnen ganz fremd erscheinen. In Wirklichkeit ist er ihnen nicht fremd, denn der Sinn des Buches ist ein ethischer. Ich wollte einmal in das Vorwort einen Satz geben, der nun tatsächlich nicht darin steht, den ich ihnen aber jetzt schreibe, weil er ihnen vielleicht ein Schlüssel sein wird: ich wollte schreiben, mein

Werk bestehe aus zwei Teilen: aus dem, der hier vorliegt, und aus alledem, was ich nicht geschrieben habe. Und gerade dieser zweite Teil ist der Wichtige. Es wird nämlich das Ethische durch mein Buch gleichsam von Innen her begrenzt; und ich bin überzeugt, daß es, streng, nur so zu begrenzen ist."[19]

Wittgenstein will "... dem Denken eine Grenze ziehen"; "Die Grenze wird ... nur in der Sprache gezogen werden können und was jenseits der Grenze liegt, wird einfach Unsinn sein."[20] Denn er vertritt die Ansicht: "Was sich überhaupt sagen läßt, läßt sich klar sagen; und wovon man nicht reden kann, darüber muß man schweigen."[21] Der Bereich des Sagbaren ist für Wittgenstein der Bereich der Naturwissenschaften[22], welche sich in Sätzen ausdrücken, die sich auf die Wirklichkeit beziehen, deren Sätze die Wirklichkeit abbilden[23]. Dieser Bereich ist aber, wie man der oben zitierten Stelle seines Briefes an Ficker entnehmen kann, der weniger wichtige, denn: "Wir fühlen, daß selbst, wenn alle möglichen wissenschaftlichen Fragen beantwortet sind, unsere Lebensprobleme noch gar nicht berührt worden sind. Freilich bleibt dann eben keine Frage mehr; und eben dies ist die Antwort." (TLP 6.52).

Damit wird nun offenkundig, was Wittgenstein meint, wenn er dem "Denken eine Grenze" ziehen und das Ethische von "Innen her" begrenzen will: er sagt das Sagbare in allen seinen Konsequenzen; zugleich damit "zeigt" er das Unsagbare[24]. Er war, so schreibt sein Freund P. Engelmann, von dem Gedanken durchdrungen, "... daß es für das Leben des Menschen allein auf das ankommt, worüber man, nach seiner Meinung, schweigen muß. Wenn er trotzdem seine ungeheure Mühe darauf richtet, dieses Unwichtige zu umgrenzen, so ist es ihm dabei nicht darum zu tun, die Küstenlinie dieser Insel, sondern die Grenze des Ozeans so peinlich genau festzustellen[25]."

Das Unsagbare, Sinnlose, verwirft Wittgenstein also keineswegs, er verbannt es lediglich aus dem Bereich des Sagbaren. Nur Spekulationen darüber hält er für sinnlos, weil nicht in sinnvolle Sätze formulierbar[26]. Damit aber trifft er auch sein eigenes Anliegen, seine eigenen Sätze. Und er zieht die Konsequenz: "Meine Sätze erläutern dadurch, daß sie der, welcher mich versteht, am Ende als unsinnig erkennt, wenn er durch sie - auf ihnen - über sie hinausgestiegen ist. (Er muß sozusagen die Leiter wegwerfen, nachdem er auf ihr hinaufgestiegen ist.)" (TLP 6.54)[27]. Somit trifft Hacker den Kern von Wittgensteins Anliegen, wenn er schreibt: "Hätte Kant den Titel nicht vorweggenommen, hätte der Tractatus durchaus "Prolegomena zu einer jeden künftigen Metaphysik" heißen können."[28]

1.2.1.2. WITTGENSTEIN ÜBER PHILOSOPHIE

Mit dem eben Ausgeführten hängt Wittgensteins Auffassung von Philosophie auf das engste zusammen. Der Bereich des Sagbaren ist der Bereich der - in einem sehr weiten Sinne verstandenen[29] - Naturwissenschaften. Diese stellen Sätze auf, die sich auf die Wirklichkeit beziehen, und befinden über deren Wahrheit und Falschheit. Aufgabe der Philosophie kann folglich nicht da Aufstellen sinnvoller Sätze sein, denn: "Die Philosophie ist keine der Naturwissenschaften. (Das Wort Philosophie muß etwas bedeuten, was über oder unter, aber nicht neben den Naturwissenschaften steht.)" (TLP 4.111). Was aber bleibt dann noch für die Philosophie? "Der Zweck der Philosophie ist die logische Klärung der Gedanken. Die Philosophie ist keine Lehre sondern eine Tätigkeit. Ein philosophisches Werk besteht wesentlich aus Erläuterungen. Das Resultat der Philosophie sind nicht "Philosophische Sätze", sondern das Klarwerden von Sätzen." (TLP 4.112".

Spezifisch philosophische Probleme gibt es also keine; was man bisher dafür hielt, beruht auf einem Mißverständnis der Logik unserer Sprache[30]. Sein Material, nämlich Sätze, bekommt der Philosoph von dem Naturwissenschaftler geliefert; über deren Klarheit hat er dann zu befinden: "Alle Philosophie ist Sprachkritik." (TLP 4.0031). Ihre Aufgabe ist es, darüber zu wachen, daß in den Naturwissenschaften ausschließlich sinnvolle Sätze gebraucht werden: "Die Philosophie begrenzt das bestreitbare Gebiet der Naturwissenschaft. (TLP 4.113). Und: "Sie soll das Denkbare abgrenzen und damit das Undenkbare. Sie soll das Undenkbare von Innen durch das Denkbare begrenzen." (TLP 4.114). Damit aber wird sie "... das Unsagbare bedeuten, indem sie das Sagbare klar darstellt." (TLP 4.115).

Daher fällt der Philosophie auch die Aufgabe zu, die Metaphysik aus dem Bereich des Sagbaren herauszuhalten, folglich metaphysische Aussagen als sinnlos hinzustellen, da sie den Bereich der Sprache übersteigen. So schreibt Wittgenstein: "Die richtige Methode der Philosophie wäre eigentlich die: Nichts zu sagen, als was sich sagen läßt, also Sätze der Naturwissenschaft - also etwas, was mit Philosophie nichts zu tun hat -, und dann immer, wenn ein anderer etwas Metaphysisches sagen wollte, ihm nachzuweisen, daß er gewissen Zeichen in seinen Sätzen keine Bedeutung gegeben hat. Diese Methode wäre für den andern unbefriedigend - er hätte nicht das Gefühl, daß wir ihn Philosophie lehrten - aber sie wäre die einzig streng richtige." (TLP 6.53)[31].

1.2.1.3. WITTGENSTEIN ÜBER SINN

Der Bereich des Sagbaren ist nach Wittgenstein der Bereich der sinnvollen Sätze. Wann aber ist ein Satz sinnvoll? Dazu muß man zunächst wissen, was Wittgenstein unter einem Satz versteht. "Der Satz ist ein Bild der Wirklichkeit." (TLP 4.01). "Bild" hat man sich dabei abstrakt vorzustellen: Bild und Sachverhalt sind einander isomorph, d.h.: es existiert eine eineindeutige, operationstreue Abbildung. Die logische Form des Satzes spiegelt die logische Form der Wirklichkeit[32]; jeder Satz muß also mit dem abgebildeten Sachverhalt eine gemeinsame Form haben[33]. Dabei muß dieser nicht notwendig bestehen, er muß lediglich möglich sein: "Das Bestehen und Nichtbestehen von Sachverhalten ist die Wirklichkeit." (TLP 2.06)[34].

Folglich ist jeder sinnvolle Satz ein Bild dessen, was er beschreibt, und sein Sinn ist, was er darstellt: "Der Satz sagt nur insoweit etwas aus, als er ein Bild ist." (TLP 4.03). Und: "Was das Bild darstellt, ist sein Sinn." (TLP 2.221)[35]. Ein Satz kann also nur sein, was Sinn hat; Satz-Bild und Sinn sind folglich anein ander zirkulär bestimmt[36]. Sinn-haben ist also notwendige Bedingung zum Satz-sein; Bild-sein und Sinn-haben sind dabei äquivalent.
Daher ist der Sinn am Satz selbst ablesbar: "Der Satz zeigt seinen Sinn. Er zeigt, wie es sich verhält, wenn er wahr ist." (TLP 4.022). So formuliert Wittgenstein: "Einen Satz verstehen, heißt, wissen was der Fall ist, wenn er wahr ist. (Man kann ihn verstehen, ohne zu wissen ob er wahr ist.)" (TLP 4.024). Der Sinn einer Aussage ist so von deren Wahrheit und Falschheit unabhängig. Daher können wir auch falsche Sätze verstehen[37]. Also: "Jeder Satz muß schon einen Sinn haben; die Bejahung kann ihn ihm nicht geben, denn sie bejaht ja gerade den Sinn. Und dasselbe gilt von der Verneinung, etc." (TLP 4.064).

Wie aber bestimme ich den Sinn eines Satzes? Da man ihn nur versteht, wenn man weiß, welcher Sachverhalt bestehen müßte, wenn er wahr wäre, so muß ich, wenn ich von einem Satz "p" sagen wollte, er sei wahr oder falsch, "... bestimmt haben, unter welchen Umständen ich "p" wahr nenne, und damit bestimme ich den Sinn des Satzes." (TLP 4.063).

Es muß für die Belange der vorliegenden Arbeit an dieser Stelle ausdrücklich betont werden, daß Wittgenstein den Satz-Sinn *nicht* auf eine empirische Basis zurückführt. Jener hängt vielmehr von der Bedeutung der Satzbestandteile ab: "Jeder mögliche Satz ist rechtmäßig gebildet, und wenn er keinen Sinn hat, so kann das nur daran liegen, daß wir einigen seiner Bestandteile keine Bedeutung gegeben haben." (TLP 5.4733)[38].

Sinnvolle Sätze sind Bilder von Sachverhalten: "Der Satz stellt das Bestehen und Nichtbestehen der Sachverhalte dar." (TLP 4.1). Das heißt aber: "Der Sinn eines Satzes ist seine Übereinstimmung und Nichtübereinstimmung mit den Möglichkeiten des Bestehens und Nichtbestehens der Sachverhalte." (TLP 4.2). Damit ist ein sinnvoller Satz mit ja oder nein entscheidbar, d.i. vollentscheidbar: "Die Wirklichkeit muß durch den Satz auf ja oder nein fixiert sein. Dazu muß sie durch ihn vollständig beschrieben werden." (TLP 4.023).

Bisher haben wir nur allgemein von "Sätzen" gesprochen. Wittgenstein unterscheidet jedoch zwischen einfachen Sätzen (Elementarsätzen) und komlexen Sätzen, in denen logische Ausdrücke wie "und","nicht", usw. vorkommen. Die Wirklichkeit denkt sich Wittgenstein aus (atomaren) Sachverhalten zusammengesetzt[39]. Und die kleinsten Einheiten der Sprache, die Elementarsätze, sind auf die entsprechenden kleinsten Einheiten der Welt, die Sachverhalte, bezogen zu denken: "Der einfache Satz, der Elementarsatz, behauptet das Bestehen eines Sachverhaltes." (TLP 4.21)[40]. Jeder sinnvolle Satz nun, so fordert Wittgenstein, muß auf Elementarsätze zurückführbar, muß

"Wahrheitsfunktion" der Elementarsätze sein[41]; er darf nachweislich nur aus logischen Ausdrücken und Elementarsätzen zusammengesetzt sein[42]. Komplexe Sätze besitzen somit nur über die Elementarsätze Verbindung mit Sachverhalten; sie haben also gleichsam nur indirekten Bezug zur Wirklichkeit.
Zusammen mit Wittgensteins Einschätzung der Philosophie hat dieser Gedankengang eine wichtige Konsequenz: insoferne sich ein Problem in einer sinnvollen Frage formulieren läßt, kann es gelöst werden, da alle sinnvollen Sätze die Wirklichkeit auf ja oder nein festlegen: "Das Rätsel gibt es nicht. Wenn sich eine Frage überhaupt stellen läßt, so kann sie auch beantwortet werden." (TLP 6.5).

1.2.2.1. DIE WENDE IN DER PHILOSOPHIE

Die Anfangsphase des Wiener Kreises ist getragen von der Auffassung, mit der eigenen Philosophie, die sich an den Naturwissenschaften und deren Methode orientiert, beginne eine neue Epoche in der Philosophiegeschichte, die auch einen tatsächlichen Fortschritt innerhalb der Philosophie zuläßt. So schreibt Schlick 1930 in seinem Aufsatz "Die Wende der Philosophie": "Ich bin nämlich überzeugt, daß wir in einer durchaus endgültigen Wendung der Philosophie mitten darin stehen, und daß wir sachlich berechtigt sind, den unfruchtbaren Streit der Systeme als beendigt anzusehen."[43]

Trotz dieses Bewußtseins von einem radikalen Neuanfang sieht sich der Wiener Kreis einer Tradition verpflichtet, nämlich der der empiristischen Philosophen und Wissenschaftler mit antimetaphysischer oder antispekulativer Einstellung[44]. Darunter verstand man Namen wie Hume,

Mill, Helmholtz, Mach , Einstein, Russell und natürlich Wittgenstein[45]. Dabei geht man dennoch bewußt auf Distanz zur herkömmlichen Auffassung von Philosophie und schließt sich Formulierungen Wittgensteins an: "Es werden nicht eigene "philosophische Sätze" aufgestellt, sondern nur Sätze geklärt."[46] In der Philosophie erkennt man nun "... anstatt eines Systems von Erkenntnissen ein System von Akten; sie ist nämlich diejenige Tätigkeit, durch welche der Sinn von Aussagen festgestellt oder aufgedeckt wird. Durch die Philosophie werden Sätze geklärt, durch die Wissenschaften verifiziert."[47] Folglich gibt es keine Philosophie "... als Grund- oder Universalwissenschaft ... es gibt kein Reich der Ideen, das über oder jenseits der Erfahrung stände"[48].

Damit wären die Grundgedanken dessen gefunden, was der Wiener Kreis seine "wissenschaftliche Weltauffassung" nannte: "Wir haben die wissenschaftliche Weltauffassung im wesentlichen durch zwei Bestimmungen charakterisiert. Erstens ist sie empiristisch und positivistisch ... zweitens ist die wissenschaftliche Weltauffassung gekennzeichnet durch die Anwendung einer bestimmten Methode, nämlich der logischen Analyse."[49] (d.i.: den Sinn einer jeden Aussage auf Aussagen über das Gegebene zurückführen)[50]. Das Ziel dieser Auffassung ist die Einheitswissenschaft. "Aus dieser Zielsetzung ergibt sich die Betonung der Kollektivarbeit; hieraus auch die Hervorhebung des intersubjektiv Erfaßbaren ..."[51]. Damit wird auch der Satz verständlich: "Die wissenschaftliche Weltauffassung kennt keine unlösbaren Rätsel."[52]

1.2.2.2. DIE ABLEHNUNG DER METAPHYSIK

Das gemeinsame Band, das die logischen Empiristen verknüpfte, war die "Leugnung aller Art von Metaphysik"[53]. Der Begriff "Metaphysik" ist dabei sehr weit gefaßt, er enthält nicht nur alle Lehren über Übersinnliches, sondern auch alle Theorien, die auf apriorischem Wege zu Sätzen über die Wirklichkeit zu kommen vorgeben.[54]
Mittels der logischen Analyse meinte man, nachweisen zu können, daß metaphysische Sätze jedes Sinnes entbehren, daß sie "Scheinsätze" seien. Daher schreibt Schlick: "So fällt die Metaphysik dahin, nicht weil die Lösung ihrer Aufgabe ein Unterfangen wäre, dem die menschliche Vernunft nicht gewachsen ist (wie etwa Kant meinte), sondern weil es die Aufgabe gar nicht gibt."[55] Metaphysik wird schlicht für sinnlos erklärt.

Der Aufgabe der "Klarlegeung des logischen Ursprunges der metaphysischen Irrwege"[56] hat sich insbesondere R. Carnap angenommen. In seinem Aufsatz "Überwindung der Metaphysik durch logische Analyse der Sprache"[57] diagnostiziert er zwei Arten von Fehlern, die in metaphysischen Sätzen auftreten: zunächst einmal ist ein Teil der metaphysischen Sätze sinnlos, weil Wörter benutzt werden, die keine Bedeutung haben. Keiner könne, so Carnap, beispielsweise die Bedeutung des Wortes "Gott" angeben[58]. Eine zweite Klasse von Fehlern kommt zustande, wenn in einem Satz Wörter, die eine Bedeutung haben, in einer der grammatischen Syntax widersprechenden Weise zusammengesetzt sind. So ist der Satz "Cäsar ist eine Primzahl" sinnlos, weil falsch gebildet. Diese Art von Fehlern meint Carnap auch Heidegger nachweisen zu können, wenn dieser das Wort "nichts" einmal als logische Partikel, ein andermal als Substantiv gebraucht[59].
Sinnvolle Sätze sind laut Carnap dagegen die Tautologien (dazu gehören auch die Sätze der Mathematik und der Logik - sie sagen nichts über

die Wirklichkeit), deren Negate und die Erfahrungssätze, über deren Wahrheit bzw. Falschheit die empirischen Wissenschaften entscheiden. Jeder Satz, der nicht zu einer dieser Arten gehört, ist automatisch sinnlos[60]. Denn ein Satz besagt "... nur das, was an ihm verifizierbar ist"[61]. Was aber ist dann mit der Metaphysik? Da ihre Sätze sinnlos sind, dienen sie "... nicht zur Darstellung von Sachverhalten, weder von bestehenden (dann wären es wahre Sätze) noch von nicht bestehenden (dann wären es wenigstens falsche Sätze); sie dienen zum Ausdruck des Lebensgefühls"[62].

1.2.2.3. SINN, VERIFIKATION UND ABGRENZUNG

Will man metaphysische Sätze als sinnlos abtun, so muß man sich fragen lassen, woher man das Recht nimmt, einige Sätze als sinnvoll, andere aber als sinnlos zu bezeichnen. Welches ist das Kriterium, nach dem entschieden wird? Im letzten Abschnitt wurde es kurz angedeutet: die Verifikation. Die Formulierung dieses Kriteriums geht auf F. Waismann zurück. In seinem Aufsatz "Logische Analyse des Wahrscheinlichkeitsbegriffes"[63] heißt es: "Eine Aussage beschreibt einen Sachverhalt. Ein Sachverhalt besteht oder besteht nicht ... Kann auf keine Weise angegeben werden, wann ein Satz wahr ist, so hat der Satz überhaupt keinen Sinn; *denn der Sinn eines Satzes ist die Methode seiner Verifikation.* In der Tat, wer einen Satz ausspricht, der muß wissen, unter welchen Bedingungen er den Satz wahr oder falsch nennt; vermag er das nicht anzugeben, so weiß er nicht, was er gesagt hat."[64] Diese Bestimmung des Sinnes eines Satzes ist stark an Wittgenstein orientiert[65] - die positivistische Auslegung allerdings muß im Hinblick auf Wittgenstein bestritten werden[66].

An dieser Stelle ist es wichtig, zu betonen, daß es für den Sinn eines Satzes in den Augen des Wiener Kreises unwesentlich ist, ob er tatsächlich verifiziert wird - die Verifikation ist nur für die *Wahrheit* eines Satzes ausschlaggebend. Eine Verifikation ist logisch möglich, wenn der Satzbau nicht den syntaktischen Regeln (den "Verwendungsregeln" seiner Wörter) widerspricht - dies genügt zur Sinnbestimmung; sie ist dagegen empirisch möglich, wenn die Bedingungen der Verifikation nicht den Naturgesetzen widersprechen[67].

Diesem Sinnkriterium maß man im Wiener Kreis eine große Bedeutung bei[68]; dadurch wurde alles, was nicht auf Erfahrung zurückgeführt werden konnte, für sinnlos erklärt - nur die Tautologien nahmen hier eine Sonderstellung ein. Dies traf, wie im letzten Abschnitt ausgeführt, vor allem die Metaphysik. Und viele Mitglieder des Kreises verwendeten den Begriff "sinnlos" in diesem Zusammenhang durchaus abwertend[69].

Man war davon überzeugt, vermittelst dieser Bestimmung vom Sinn eines Satzes, ein wirksames Instrument in Händen zu halten, um Wissenschaft gegenüber der Metaphysik abzugrenzen: wissenschaftliche Sätze sind eben sinnvolle Sätze, metaphysische Sätze dagegen sinnlos. Mit diesem Abgrenzungskriterium hatte der Wiener Kreis einem seiner Grundanliegen genüge getan[70].

Am Rande sei hier noch erwähnt, daß man auch versucht war, induktiv gewonnenen Sätzen den Geltungswert "wahrscheinlich" zuzuordnen[71]. Dies wird im nächsten Kapitel noch einmal kurz angeschnitten werden.

1.3. POPPERS KRITIK

Popper hatte, wie oben bereits ausgeführt wurde, die Grundzüge seiner Philosophie bereits 1919, seine Lösung des Induktionsproblems etwas später, erarbeitet. Da Wittgensteins Tractatus zwar schon im Jahre 1918 fertiggestellt, aber erstmals 1921 (bzw. 1922) veröffentlicht wurde und der Wiener Kreis sich erst nach 1922 allmählich zu konstituieren begann, läßt sich die Unabhängigkeit von Poppers Denken kaum mehr ernsthaft bestreiten[1]. Da nun sowohl Wittgensteins Ideen, wie auch die des Wiener Kreises, trotz einer großenteils ähnlichen Sicht der Problemlage und trotz zum Teil ähnlicher Zielvorstellungen - auch der Kreis um Schlick wollte ja beispielsweise Wissenschaft von Nichtwissenschaft abgrenzen - auf andere Lösungen hinausliefen, schien ein "kritischer Zusammenstoß" dieser Philosophien unvermeidlich. Mit Mitgliedern des Wiener Kreises wurde die Kontroverse von beiden Seiten geführt, mit Wittgenstein dagegen blieb sie einseitig, denn dieser hat in seinem gesamten, bisher veröffentlichten Werk Popper meines Wissens nie erwähnt.

Die Auseinandersetzung Poppers mit diesen beiden philosophischen Positionen begann Ende der zwanziger Jahre - er hatte wohl schon 1926 oder 1927 von dem Kreis gehört, auch Schriften seiner Mitglieder gelesen[2] und pflegte mit einer Reihe von ihnen persönlichen Kontakt, so zunächst mit V. Kraft, dann auch mit Feigl, mit Carnap und anderen[3]. Diese Auseinandersetzung fand Niederschlag in Poppers "Die beiden Grundprobleme der Erkenntnistheorie" und der "Logik der Forschung"[4]. Beide Werke wurden vor ihrer Veröffentlichung von Mitgliedern des Wiener Kreises gelesen und diskutiert[5]. Poppers Kritik an Wittgenstein bediente sich dabei, wie noch gezeigt werden wird, einer Interpretation des Tractatus, wie sie im Wiener Kreis üblich war, Wittgenstein aber kaum gerecht werden dürfte.

Ausgehend von seinen eigenen Grundgedanken war Popper schon recht bald in der Lage, die Widersprüche in den Positionen des logischen Empirismus zu erkennen[6]. Was ihn dabei sehr von dem Kreis unterschied, war die Tatsache, daß er von Anfang an Wittgenstein kritisch gegenüberstand und nach eigenen Aussagen nie der eigentümlichen Faszination des Tractatus erlegen war[7]. Daher soll zunächst auf Poppers Kritik an Wittgenstein eingegangen werden.

1.3.1. POPPERS KRITIK AN WITTGENSTEIN

1.3.1.1. SINN

Den zentralen Punkt in Poppers Auseinandersetzung mit Wittgenstein bildet die Kontroverse über den Sinn eines Satzes. Dabei setzt Popper Wittgenstein vielfach den Positivisten gleich[8]. Ausgangspunkt ist hierfür das Abgrenzungsproblem: der Positivismus, also nach Popper auch Wittgenstein, fasse , meint er, das Abgrenzungsproblem "naturalistisch" auf, und zwar "... nicht als Frage einer zweckmäßigen Festsetzung, sondern als Frage eines sozusagen "von Natur aus" existierenden Unterschiedes zwischen Erfahrungswissenschaft und Metaphysik"[9]. Dies glaubte man mit Wittgensteins Sinnbegriff zu erreichen: "Es ist das Abgrenzungsproblem (nach meiner Terminologie), das hinter Wittgensteins Sinnbegriff steht: der Sinnbegriff spielt in Wittgensteins Philosophie die Rolle eines Abgrenzungskriteriums."[10] Aber diesen Versuch, durch die Einteilung in sinnvolle und sinnlose Sätze ein wirksames Unterscheidungskriterium zwischen Wissenschaft und Metaphysik einzuführen, hält Popper für gescheitert: er führe zu den widersinnigsten

Konsequenzen:[11]

1. Einen ersten Ansatzpunkt für seine Kritik meint Popper dabei in TLP 4.024 ("Einen Satz verstehen, heißt, zu wissen was der Fall ist, wenn er wahr ist.") zu finden. Er glaubt, Waismann stimme mit seinem Diktum "Der Sinn eines Satzes ist die Methode seiner Verifikation" vollkommen mit Wittgensteins Analyse des Sinnbegriffes überein[12].

Wie steht es dann aber, fragt Popper, mit den Naturgesetzen? Diese sind ihrer logischen Natur nach Allsätze, können folglich nicht verifiziert werden: "Niemand kann angeben, unter welchen Umständen sie wahr heißen sollen, weil es solche (erfahrbare) Umstände nicht geben kann. Sie stellen keine empirischen Sachverhalte dar."[13] Da indessen nach Wittgenstein jeder sinnvolle Satz einen Sachverhalt darstellen muß, es aber keine allgemeinen Sachverhalte gibt, so sind Naturgesetze, weil allgemeine Sätze, sinnlos, sind Scheinsätze: "Die Auffassung, daß die vermeintlich allgemeinen Sätze Scheinsätze sind, ist eine notwendige Konsequenz des Wittgensteinschen Sinnbegriffs."[14]

2. Nehmen wir dennoch einmal an, Naturgesetze seien sinnvolle Sätze. Dann müßten sie, wie oben dargestellt wurde[15], die Wirklichkeit auf ja oder nein festlegen. Außerdem heißt es bei Wittgenstein, auf jede sinnvolle Frage müsse es auch eine Antwort geben[16]. Wegen ihrer logischen Natur als Allsätze sind Naturgesetze aber niemals verifizierbar, folglich nie mit ja entscheidbar. Daher wären alle Fragen beantwortet, wenn alle denkbaren Naturgesetze falsifiziert wären. Dazu Popper: "Die Lösung aller Rätsel wäre das Ende der theoretischen Naturwissenschaft."[17]

3. Einen weiteren Ansatzpunkt zur Kritik am Sinnkriterium gewinnt Popper durch Wittgensteins Forderung nach Reduzierbarkeit aller sinnvollen Sätze auf Elementarsätze. Hier glaubt Popper, das "induktivistische Vorurteil" in Wittgensteins Abgrenzungskriterium auszumachen[18]: da gemäß diesem alle legitimen Sätze der Wissen-

schaften sich auf Erfahrungssätze zurückführen lassen müssen, hängt folglich die Wahrheit all jener Sätze von den Geltungswerten dieser Elementarsätze ab[19]. Nun ist aber die Induktion als Schluß von der besonderen Erfahrung auf das Allgemeine, wie oben bereits erwähnt, logisch unhaltbar. Damit können die legitimen Sätze der Wissenschaft "... nicht mehr bis zur Verallgemeinerung, bis zu den Naturgesetzen hinaufsteigen. Sie sind von den Naturgesetzen durch das Abgrenzungskriterium ... abgeschnitten ... Die legitimen Sätze bleiben an der Erfahrung, das heißt aber am Besonderen haften"[20]. "Wittgenstein übersah das Problem der Allgemeinheit"[21]; sein Sinnkriterium scheitert somit am Induktionsproblem: "Der positivistische Radikalismus vernichtet mit der Metaphysik auch die Naturwissenschaft."[22]

4. Nach Wittgenstein sind, so kann Popper nun resümieren, alle Naturgesetze Scheinsätze. Wie steht es dann aber mit der Abgrenzung der Naturwissenschaften von der Metaphysik? Im Tractatus heißt es: "Die Gesamtheit der wahren Sätze ist die gesamte Naturwissenschaft," (TLP 4.11). Daher gehören die Naturgesetze, weil keine wahren Sätze, nicht zu den Naturwissenschaften. Damit ist aber nach Popper Wittgensteins Abgrenzungsversuch endgültig gescheitert: "Wittgensteins Begriff "Naturwissenschaft" hat mit den tatsächlich bestehenden Naturwissenschaften nicht das mindeste zu tun. Sein Abgrenzungskriterium schließt die Naturgesetze aus seiner "Naturwissenschaft" aus; damit aber schließt er auch die bestehende Naturwissenschaft aus seiner "Naturwissenschaft" aus."[23]

In der bisher angeführten Argumentation Poppers wurde das Sinnkriterium ausschließlich als Abgrenzung der Naturwissenschaften von der Metaphysik kritisiert, niemals aber das Sinnkriterium selbst. Und dies aus gutem Grund: eine Kritik an Wittgensteins Sinnkriterium ist, so Popper, unmöglich, da jede Kritik bereits wieder einen neuen Begriff von "Sinn" implizieren würde, der dann natürlich notwendig mit dem Wittgensteins in Widerspruch geraten muß. Dasselbe gilt allerdings auch für die Begründung des Sinnkriteriums: auch diese würde einen Sinnbegriff voraussetzen. Damit wird jede Diskussion um das Sinnkriterium - gleichviel, ob sie es nun stützen oder angreifen will - sinnlos. Daher, so lautet Poppers Fazit, handelt es sich bei dem Sinnkriterium um ein Dogma[24]. Das Sinnproblem selbst hält Popper für ein "Pseudoproblem": "I personally was never interested in the so-called problem of meaning; on the contrary, it appeard to me a verbal problem, a typical pseudo-problem."[25] - es verschiebe nur das Abgrenzungsproblem, ohne es zu lösen.

1.3.1.2. PHILOSOPHISCHE PROBLEME

Kritik übte Popper auch an Wittgensteins Diktum: "Das Rätsel gibt es nicht. Wenn sich eine Frage überhaupt stellen läßt, so kann sie auch beantwortet werden." (TLP 6.5).Bei Wittgenstein ist damit die Ansicht verbunden, die philosophische Arbeit erschöpfe sich im Klären von Sätzen, habe es also nicht mit spezifisch philosophischen Problemen zu tun.

Popper ist demgegenüber davon überzeugt, daß es echt philosophische Probleme gibt - so meint er, schon die Frage ob es philosophische Probleme gäbe, sei ein solches[26]. Auf sinnvolle Fragen lasse sich außerdem nicht immer eine Antwort finden: so kann die durchaus sinnvolle Frage nach dem Ort und dem Impuls eines Elektrons gemäß der Heisenbergschen Unschärferelation nie hinreichend genau beantwortet werden[27]. Zwar gibt Popper Wittgenstein zu, daß philosophische Probleme ihre Wurzel meist außerhalb der Philosophie haben, aber dies bedeute noch lange nicht, daß es nur nicht-philosophische Probleme gäbe:."On the other hand there exist not only genuine scientific problems, but genuine philosophical problems."[29] Wenn beispielsweise zu einem Problem eine mathematische Lösung gefunden wurde, so muß dieses Problem durchaus nicht rein mathematischer Natur sein, sondern kann z.B. für die Physik eine große Bedeutung haben. Ähnlich verhält es sich nach Popper mit den Problemen der Philosophie. Er schreibt: "Ich glaube jedoch, daß es zumindest ein philosophisches Problem gibt, das alle denkenden Menschen interessiert. Es ist das Problem der Kosmologie."[30] Bei diesem Problem bleibt Popper freilich nicht stehen - man denke etwa an das Induktions- und das Abgrenzungsproblem[31].

In diesem Zusammenhang stand übrigens auch die einzige Begegnung zwischen Popper und Wittgenstein am 26.10.1946 in Cambridge, bei der Popper die Existenz philosophischer Probleme verteidigte[32].

Die Wurzel der Kontroverse zwischen beiden Philosophen in dieser Frage ist in der unterschiedlichen Auffassung von Sprache, und damit auch der philosophischen Tätigkeit, zu suchen[33]. Denn Popper identifiziert philosophische Probleme keineswegs mit sprachlichen Problemen und steht der sprachanalytischen Methode weitgehend kritisch gegenüber. Für Popper ist vielmehr Sprache der Garant für die Objektivität unserer Erkenntnis: diese wird nämlich erst durch ihre sprachliche Formulierung intersubjektiv verständlich und in diesem Sinne objektiv[34].

1.3.1.3. ABBILDTHEORIE

Auf einen Kritikpunkt Poppers an Wittgenstein, der für die Auseinandersetzung mit der Philosophie des Wiener Kreises nur eine untergeordnete Rolle spielt, sei hier wenigstens noch kurz hingewiesen: die Korrespondenztheorie der Wahrheit.

Wittgenstein vertritt mit seiner Abbildtheorie den Gedanken einer eineindeutigen Relation zwischen Sprache und Wirklichkeit; unter einem sinnvollen Satz versteht er ein "Bild der Wirklichkeit"[35]. Popper dagegen verwirft diese Bildtheorie. Es existiere, so meint er, keine eineindeutige Beziehung zwischen Sprache und Wirklichkeit; dies sei allein schon aus der Übersetzung von einer Sprache in eine andere ersichtlich, denn hier kann von Eineindeutigkeit, wie sie aus der Beziehung von Sprache und Wirklichkeit gefolgert werden müßte, wäre Wittgensteins Theorie wahr, keine Rede sein[36].

Daher betont Popper einige Jahre später die philosophische Bedeutung von Tarskis Wahrheitstheorie: die darin formulierte Idee der Metasprache erlaube es, logisch widerspruchsfrei von der Übereinstimmung zwischen Sätzen und Tatsachen zu sprechen - was bei Wittgenstein unmöglich war - und damit "Wahrheit" als diese Übereinstimmug zu definieren[37]. Eine projektive Beziehung wie im Tractatus wird damit unnötig[38].

1.3.1.4. WÜRDIGUNG DER KRITIK POPPERS AN WITTGENSTEIN

Nun bleibt noch zu fragen, ob Popper Wittgenstein mit seiner Kritik trifft, oder ob er ihn nur so versteht, wie er ihn verstehen will; ein Umstand, der in der Geschichte der Philosophie wohl nicht zum ersten Male auftritt.
Und in der Tat finden wir eine Reihe von Indizien, die anzeigen, daß Popper mit seiner Kritik nicht eigentlich Wittgenstein selbst, sondern das damals gängige, positivistisch geprägte

Wittgenstein-Bild, das wesentlich der Wiener Kreis mit seiner Rezeption, besser: Vereinnahmung Wittgensteins geprägt hatte, trifft. Dabei darf freilich nicht vergessen werden, daß die Aussagen Wittgensteins in seinem Tractatus keineswegs immer so eindeutig sind, wie es beim ersten Anschein aussehen mag, und daß Wittgenstein selbst in der Übergangsphase zu seiner Spätphilosophie (man denke hierbei auch an Waismanns Gesprächsaufzeichnungen) starke positivistische Tendenzen gezeigt hatte[39].

Die These, Popper treffe mit seiner Kritik nicht Wittgenstein, sondern das Wittgensteinbild des Wiener Kreises, kann aus den bisherigen Untersuchungen wie folgt begründet werden:

1. Wittgensteins Verständnis vom Sinn eines Satzes und das positivistische Sinnkriterium sind zweierlei Dinge: Wittgenstein rekurriert, im Gegensatz zum Wiener Kreis, niemals auf Erfahrung, sondern lediglich auf die Bedeutung der Satzbestandteile als den grundlegenden Elementen für den Sinn eines Satzes[40]. Das Diktum "Der Sinn eines Satzes ist die Methode seiner Verifikation" hat F. Waismann als erster schriftlich formuliert - daß es Wittgenstein je in diesem Sinne befürwortet hat, muß bezweifelt werden[41].

Außerdem ist der Gebrauch des Begriffes "Naturwissenschaft" bei Wittgenstein von dem bei Popper verschieden: versteht dieser darunter die real existierenden Naturwissenschaften, so meint jener damit den Bereich der wahren Sätze (in seinem Sinne verstanden)[42].

2. Wittgenstein war nie Positivist im Sinne des Wiener Kreises, sein Tractatus keine "Bibel" des Positivismus. Erstens gingen die Kontakte zum Wiener Kreis von diesem aus; Wittgenstein selbst hielt Distanz, die Berufung der Positivisten auf ihn war stets einseitig[43]. Und zweitens war Wittgensteins Anliegen in seinem ersten Werk durchaus kein positivistisches - es fällt vielmehr in den Bereich, der nach Poppers Abgrenzungskriterium mit "Metaphysik" überschrieben ist[44].

1.3.2. POPPERS KRITIK AM WIENER KREIS

"Poppers never belonged to the Vienna Circle, never took part in its meetings, and yet cannot be thought of as outside it"[45].- so beschreibt V. Kraft Poppers Verhältnis zum Wiener Kreis. Popper nahm 1935 in Paris und 1936 in Kopenhagen an den Tagungen, die von dem Kreis initiiert wurden, teil und verteidigte dort seine Ansichten[46]. Seine Kritik wurde auch - zumindest teilweise - anerkannt: Neurath nannte ihn die "offizielle Opposition" des Kreises[47]. Trotzdem galt Popper lange Zeit für viele als Positivist[48], und sein Abgrenzungskriterium wurde als Sinnkriterium aufgefaßt[49]. Zwar gab es durchaus Gemeinsamkeiten mit dem Wiener Kreis - so eine Form des Empirismus und gleichartige Fragestellungen[50]; dennoch ist Popper der Meinung, er habe die Position des Wiener Kreises als unmöglich nachgewiesen. Er schreibt später in seiner Autobiographie, der logische Positivismus sei schon lange tot und meint: "Ich fürchte, daß ich mich als Täter bekennen muß. Doch ich habe es nicht mit Absicht getan: Meine Absicht war nur, auf eine Reihe von - wie mir schien - fundamentalen Irrtümern hinzuweisen."[51]

Welche Irrtümer sind nun damit gemeint? Zunächst das Sinnkriterium, in seiner positivistischen Auslegung, als Abgrenzungskriterium. Dazu schreibt Popper: "Mir war klar, daß alle diese Leute [d.i.: der Wiener Kreis, Anm. d. Verf.] nach einem Abgrenzungskriterium suchten, nach einer Abgrenzung nicht so sehr zwischen Wissenschaft und Pseudowissenschaft als vielmehr zwischen Wissenschaft und Metaphysik. Und mir war auch klar, daß mein altes Abgrenzungskriterium besser war als das ihre."[52] Hier hat Popper durch seine Kritik an Wittgenstein nachgewiesen, daß dem positivistischen Sinnkriterium auch die Naturwissenschaften zum Opfer fallen, daß man schließlich am Induktionsproblem scheitern mußte[53].

1.3.2.1. INDUKTION UND DEDUKTIVISMUS

Ein zweiter Punkt, der mit dem ersten in Zusammenhang steht, betrifft die wissenschaftliche Methode: Popper lehnt dazu die Induktion als untauglich ab. Er bestreitet, daß die empirischen Wissenschaften induktiv, d.h. von Beobachtungen zu allgemeinen Sätzen gelangend, verfahren können[54]. Denn dazu würde man ein Induktionsprinzip benötigen, das diesen Schluß rechtfertigen müßte: "Ein solches Induktionsprinzip kann keine logische Tautologie, kein analytischer Satz sein: Gäbe es ein tautologisches Induktionsprinzip, so gäbe es ja gar kein Induktionsproblem, denn die induktiven Schlüsse wären dann, genau wie andere logische (deduktive) Schlüsse, tautologische Umformungen. Das Induktionsprinzip muß demnach ein synthetischer Satz sein ..."[55]. Dieser müßte dann durch Erfahrung gestützt werden. Damit taucht aber das Induktionsproblem von neuem auf, denn der Schluß von den einzelnen Beobachtungen auf die Gültigkcit des allgemeinen Induktionsprinzips ist wieder eine Verallgemeinerung, ein Induktionsschluß, der der Rechtfertigung durch ein Induktionsprinzip bedarf[56]. Dies aber bedeutet einen unendlichen Regreß. So kann Popper feststellen: "Eine empiristische Auffassung des Induktionsprinzips scheitert also daran, daß sie zu einem unendlichen Regreß führt."[57] Mit diesem Gedanken meint Popper, Humes Argument gegen die Zulässigkeit der Induktion präzisiert zu haben[58].

Popper vertritt im Gegensatz dazu einen "radikalen Deduktivismus": als solcher kann "... die hier vertretene Auffassung bezeichnet werden, daß alle wissenschaftlichen Begründungsmethoden ausnahmslos auf streng logischer Deduktion beruhen ..."[59]. Eine Konsequenz dieses Standpunktes ist der weiter oben bereits erwähnte Fallibilismus, denn, da eine empirische Verifikation von Naturgesetzen mangels Induktionsprinzip unmöglich ist, bleiben Theorien immer Hypothesen[60].

Und zusammen mit der Falsifizierbarkeit als Abgrenzungskriterium gelangt dann Popper zu dem Schluß: "Die Naturgesetze sind somit Deduktionsgrundlagen für die Prognosendeduktion: für die Deduktion besonderer Wirklichkeitsaussagen, über deren Wahrheit und Falschheit durch Erfahrung entschieden werden kann."[61] Denn nur auf diese Weise können Naturgesetze ihren wissenschaftlichen Charakter nachweisen: "Ein empirisch-wissenschaftliches System muß an der Erfahrung scheitern können."[62]

1.3.2.2. WAHRSCHEINLICHKEIT

Poppers Beschäftigung mit den Problemen der Wahrscheinlichkeit nimmt in seinem Werk einen breiten Raum ein; die vorliegende Untersuchung wird diesen Gegenstand allerdings nur insoferne berühren, als er für das Ziel der Arbeit von Belang ist. Es geht dabei um die Diskussion eines "Rettungsversuches der Induktion" mit Hilfe des Wahrscheinlichkeitsbegriffes[63].

Zwei Begriffe müssen bei der Beschäftigung mit der Wahrscheinlichkeitsproblematik scharf voneinander geschieden werden: die sogenannte "*Ereigniswahrscheinlichkeit*" bezieht sich auf Aussagen, worin einem Ereignis eine bestimmte Wahrscheinlichkeit zugeordnet wird; beispielsweise: "Die Wahrscheinlichkeit, mit dem nächsten Wurf eine 2 zu würfeln, ist ein Sechstel". Hiermit beschäftigt sich die Wahrscheinlichkeitsrechnung. Daneben trifft man auf den Begriff der "*Hypothesenwahrscheinlichkeit*". Dieser bezieht sich auf Aussagen, worin Hypothesen eine bestimmte Wahrscheinlichkeit zugeordnet wird.

Bereits im Jahre 1930 stellte Waismann zu diesen beiden Begriffen fest: "Diese beiden Bedeutungen haben nicht das Geringste miteinander zu tun und man sollte, wenn man von ihnen spricht, sich lieber ganz verschiedener Worte bedienen."[64] Diese Ansicht wurde vom Wiener Kreis weitgehend akzeptiert[65]; auch Popper hat sich ihr angeschlossen[66].

Reichenbach dagegen lehnt diese Auffassung ab[67]. So drängt sich die Frage auf: könnte Poppers negative Lösung des Induktionsproblems nicht durch einen geeigneten Begriff von Wahrscheinlichkeit aufgehoben werden? Könnte man nicht induktiv gewonnenen Sätzen - allgemeinen Wirklichkeitsaussagen - den Geltungswert "wahrscheinlich" zuordnen? Reichenbach vertrat diese Auffassung[68], die Popper die "Wahrscheinlichkeitsposition" nennt; Popper dagegen lehnt einen anderen Geltungswert als "wahr" und "falsch" rundweg ab[69]. Damit dürfte zumindest eines klar sein: diese Auseinandersetzung dreht sich ausschließlich um den Begriff der Hypothesenwahrscheinlichkeit, da hier von der Wahrscheinlichkeit bestimmter Aussagen die Rede ist[70].

Die Tatsache, daß eine bestimmte Hypothese über die Wirklichkeit mit einer bestimmten Wahrscheinlichkeit gilt, kann nur durch eine Aussage über diese Hypothese ausgedrückt werden. Und darin sieht Popper die logische Unmöglichkeit dieser Wahrscheinlichkeitsposition begründet: denn diese Aussage höheren Typs würde ja ebenfalls nur mit Wahrscheinlichkeit gelten[71]. Daraus ergibt sich ein infiniter Regreß, der nach Popper durch nichts zu durchbrechen ist - eine Rettung der Induktion über einen geeigneten Wahrscheinlichkeitsbegriff ist demnach unmöglich[72].

1.4. DAS BASISPROBLEM

Unter dem "Basisproblem" ist die Frage nach der Basis der wissenschaftlichen Erkenntnis zu verstehen: gibt es sichere Sätze, von denen wir ausgehen können? Oder ist jede Erkenntnis anzweifelbar? Gibt es ein sicheres Fundament, eine sichere Basis der Erfahrungserkenntnis? Diese Grundfrage des Empirismus[1] wurde zwangsläufig für den Wiener Kreis und für Popper zu einem Problem. Auch hier liegen die Lösungsvorschläge weit auseinander[2].

1.4.1. DIE DISKUSSION IM WIENER KREIS

Gemäß seiner empiristisch-positivistischen Grundthese[3] verlangte der Wiener Kreis die Zurückführung aller Realsätze auf Aussagen über "Erlebnisgegebenes" bzw. die Übersetzbarkeit in solche. Sätze, bei denen dies nicht möglich war, fielen dem bereits diskutierten Sinnkriterium zum Opfer[4]. Dabei stand wieder Wittgenstein Pate, dessen Theorie der Elementarsätze man im Wiener Kreis durch die Theorie der sogenannten "Protokollsätze" verbessern zu können glaubte[5]: "Protokollsätze sollen die einfachsten erkennbaren Sachverhalte beschreiben, so daß keine erst durch Verarbeitung gewonnenen Sätze darin enthalten sind. Sie sollen deshalb die unmittelbaren Erlebnisinhalte bezeichnen."[6]

Zu Anfang sah der Wiener Kreis in diesen Protokollsätzen das sichere Fundament aller Erfahrungserkenntnis. Man betrachtete sie als absolut gültig, als Sätze, die selbst der Bewährung nicht mehr bedürfen, sondern als Grundlage für alle übrigen Sätze dienen sollten[7].

Diese Position, bei der die Protokollsätze nur

das individuell Erlebte bezeichnen, erzwang als notwendige Konsequenz einen "methodischen Solipsismus", da jedes wahrnehmende Subjekt nur sein eigenes Protokoll als Basis nehmen kann[8].

Doch diese Meinung blieb nicht lange bestehen. Neurath kritisierte sie als erster[9]: "Die Fiktion einer aus sauberen Atomsätzen aufgebauten idealen Sprache ist ebenso metaphysisch, wie die Fiktion des Laplaceschen Geistes."[10] Denn: "Es gibt kein Mittel, um endgültig gesicherte, saubere Protokollsätze zum Ausgangspunkt der Wissenschaften zu machen."[11] Protokollsätze sind nach Neurath "... Realsätze von derselben Sprachform wie die andern Realsätze"[12]. Daraus folgt aber, daß sie sich auch als falsch erweisen können: "Es gibt für keinen Satz ein "Noli me tangere", wie es Carnap für die Protokollsätze statuiert."[13] Denn jeder Satz, der sich auf Reales bezieht, "... wird mit dadurch definiert, daß er der Bewährung bedarf, also auch gestrichen werden kann"[14]. Bewährung bedeutet, daß er mit andern Realsätzen verglichen wird. Realsätze, die keiner Bewährung bedürfen, gibt es nach Neurath nicht[15].

Auch den oben erwähnten Solipsismus, wie er von Carnap vertreten wurde, griff Neurath an, denn daraus resultierte das Problem der Intersubjektivität: Wie kann man sich über Säte verständigen, wenn jeder nur seine eigenen Erlebnisse als Ausgangsbasis nimmt? Neurath lehnte daher Protokollsätze als subjektive Erlebnissätze ab; "... jede Sprache ist als solche "intersubjektiv"..."[16]. Deshalb müsse auch ein Protokollsatz intersubjektiv nachprüfbar sein - man muß sich über Protokollsätze verständigen können[17].

Noch im gleichen Band der Zeitschrift "Erkenntnis", in dem Neuraths Kritik erschien, schloß sich Carnap dessen Thesen weitgehend an[18]. Er gab die absolute Gültigkeit der Protokollsätze auf: "Jeder konkrete Satz der physikalischen Systemsprache kann unter Umständen als Protokollsatz dienen."[19] Damit aber fällt auch die Idee, Protokollsätze seien "erste" Sätze, auf die die Wissenschaften aufbauen[20]. Nun heißt es: "In keinem Fall aber ist man gezwungen, an einer bestimmten Stelle haltzumachen. Man kann von jedem Satz aus noch weiter zurückgehen; es gibt keine absoluten Anfangssätze für den Aufbau einer Wissenschaft."[21] Damit aber wird es allein Sache der Festsetzung, welcher Satz als Protokollsatz gelten soll[22].

Doch dadurch stellte sich ein neues Problem: wenn Protokollsätze korrigierbar sind, wodurch kann man dann feststellen, wann ein Protokollsatz aufzugeben ist, und wann nicht? Darauf hat Schlick in seinem Aufsatz "Über das Fundament der Erkenntnis"[23] eine Antwort zu geben versucht, indem er den Begriff der "Konstatierung" einführte, womit er die Protokollsätze als Fundament der Erkenntnis ablösen wollte. Unter diesem Begriff versteht er Sätze "... von der Form "Hier jetzt so und so" Z.B. "Hier fallen jetzt zwei schwarze Punkte zusammen"..."[24]. Bei diesen Sätzen ist - genauso wie bei analytischen Sätzen - "... der Vorgang des Verstehens zugleich der Vorgang der Verifikation ... mit dem Sinn erfasse ich zugleich die Wahrheit"[25]. Daher sei ihre Geltung absolut[26].

Aber auch diese Position erwies sich sogleich als unhaltbar, denn, da diese Sätze nicht aufgeschrieben werden können (weil sie ja sonst ihren Sinn verändern), sind sie in einem System von Sätzen, wie in dem der Wissenschaften, gar nicht verwendbar[27].

1.4.2. POPPER ÜBER DAS BASISPROBLEM

Popper lehnt die Theorie der Protokollsätze rundweg ab; sie ist für ihn nur ein "... in formale Redeweise übersetzter Psychologismus"[28].

Die These, Erfahrungswissenschaften müßten auf Sinneswahrnehmungen, auf Erlebnisse zurückführbar sein, hält er für verfehlt[29]: "Diese Auffassung scheitert unserer Meinung nach am Induktions- bzw. am Universalienproblem[[30]]: wir können keinen wissenschaftlichen Satz aussprechen, der nicht über das, was wir "auf Grund von unmittelbaren Erlebnissen" sicher wissen können, weit hinausgeht."[31] Dieses Phänomen nennt Popper die "Transzendenz der Darstellung" und fährt fort: "... jede Darstellung verwendet allgemeine Zeichen, Universalien, jeder Satz hat den Charakter einer Hypothese"[32]. Damit aber werden Sätze, die als Wahrnehmungsprotokolle das Fundament der empirischen Wissenschaften bilden sollen, unmöglich[33]. Während Popper nun der Auffassung zustimmt, Protokollsätze seien nicht unantastbar, bemängelt er gleichzeitig, daß mit der von Neurath vorgeschlagenen Lösung auch der Empirismus aufgegeben werde, denn nun seien empirische Sätze "... gegenüber beliebigen Satzsystemen nicht mehr ausgezeichnet; jedes beliebige System kann vertreten werden, wenn man Protokollsätze, die einem nicht passen, einfach streichen kann"[34]. Popper spricht daher nicht mehr von Protokollsätzen, sondern von "*Basissätzen*".

Diese Basissätze benötigt Popper einmal, um entscheiden zu können, wann eine Theorie falsifizierbar ist, und zum andern zur Falsifikation von Hypothesen[35]. Was folgt daraus für ihre Form? "Die Basissätze müssen daher so bestimmt werden, daß

(a) aus einem allgemeinen Satz (ohne speziellen Randbedingungen) niemals ein Basissatz folgen kann, daß jedoch

(b) ein allgemeiner Satz mit Basisätzen in Widerspruch stehen kann."[36]

Weil wegen (b) die Negation des widersprechenden Basissatzes aus der Theorie ableitbar sein muß, darf die Negation eines Basissatzes wegen (a) nicht selbst wieder ein solcher sein. Mit diesen Bedingungen hat Popper die logische Form seiner Basissätze gefunden: "Wir wollen einen Satz von der Form "An der Raum-Zeit-Stelle k gibt es das oder das" oder "An der Stelle k ereignet sich der und der Vorgang" ... einen singulären Es-gibt-Satz nennen."[37] Diese singulären Es-gibt-Sätze erfüllen Poppers oben angeführte Bedingungen. Daher schreibt er: "*Wir setzen fest, daß die Basissätze die Form singulärer Es-gibt-Sätze haben sollen.*"[38]

Poppers Theorie der Basissätze ist wesentlich geprägt durch zwei Grundvoraussetzungen: er verlangt für sie erstens *Objektivität, d.i. intersubjektive Prüfbarkeit*[39]. Und zweitens sieht er deren *Geltung durch Festsetzung* verankert; nach seiner Auffassung werden die Endpunkte der Deduktion, also die Basissätze der Wissenschaft "... durch Beschluß, durch eine (in gewissem Sinn willkürliche, in einem anderen Sinn aber geregelte) Konvention festgesetzt"[40]. Dieser Teil der Popperschen Philosophie wurde häufig kritisiert[41] und bedarf einer genaueren Untersuchung.[42]

Zunächst zu Poppers Forderung nach Objektivität der Basissätze: Popper verlangt, daß deren Inhalt, "... die Vorgänge von denen sie behaupten, daß sie sich an einer Stelle k abspielen, "beobachtbare" Vorgänge sind"[43], daß sie also durch Beobachtung intersubjektiv nachprüfbar sind. Intersubjektiv nachprüfbar ist aber immer nur ein wiederholbarer Vorgang, ein reproduzierbarer Effekt: "Nur dort, wo gewisse Vorgänge (Experimente) auf Grund von Gesetzmäßigkeiten sich wiederholen, bzw. reproduziert werden können, nur dort können Beobachtungen, die wir gemacht haben, grundsätzlich von jedermann nachgeprüft werden."[44] Nachgeprüft wird ein allgemeiner oder besonderer Satz dadurch, daß man aus ihm und gewissen Randbedingungen Prognosen deduziert, die dann mit der Erfahrung verglichen werden: dies ist eine Konsequenz der Falsifizierbarkeit eines jeden Satzes der empirischen Wissenschaften, dem Abgrenzungskriterium. Damit aber ergibt sich aus der Forderung nach Objekti vität der Basissätze deren *hypothetischer Charakter*, und ebenso die Fallibilität der Falsifikation[45]. Denn Prüfbarkeit verlangt nach Prognosendeduktion und ein Endpunkt der Deduktion folgt nirgends mit Notwendigkeit: "Aber niemals zwingen uns die logischen Verhältnisse dazu, bei bestimmten ausgezeichneten Basissätzen stehenzubleiben und gerade diese anzuerkennen oder aber die Prüfung aufzugeben; jeder Basisatz kann neuerdings durch Deduktion anderer Basissätze überprüft werden."[46] Aus diesem hypothetischen Charakter ergibt sich aber gleichzeitig auch ein Charakter der "Allgemeinheit": wenn aus jedem Basissatz prinzipiell weitere Basissätze deduziert werden können, so muß es noch Sätze von niedrigerer Allgemeinheitsstufe (ebenfalls potentielle Basissätze) geben. Damit aber kommt jedem Basissatz ein gewisser Grad von Allgemeinheit zu[47].

Da nun die Deduktion niemals ein "natürliches Ende" findet, weil kein Satz zum Basissatz prädestiniert ist[48], so muß dieses Ende "künstlich", durch Beschluß, herbeigeführt werden. Damit wären wir beim überaus wichtigen zweiten Punkt angelangt. Dieser zwingt Popper einmal in eine Auseinandersetzung mit dem Konventionalismus und nötigt ihn zum andern, nach tieferen Grundlagen seiner Auffassungen zu forschen und so seine wissenschaftstheoretischen Überlegungen gleichsam methodologisch "einzubetten".

Wird aber durch diese Festsetzung nicht - ähnlich der Problemlage des Wiener Kreises - der Willkür und dem Dogmatismus Tür und Tor geöffnet? Dies verneint Popper ganz entschieden[49]: da er für alle Basissätze prinzipielle Prüfbarkeit verlangt, kann die Festsetzung bei dem geringsten Zweifel aufgehoben werden:"Vom Dogmatismus jeder Art ... unterscheidet sich die empiristische Regelung der Festsetzungen durch den Satz, daß im Falle eines methodisch zulässigen Zweifels die hypothetisch deduktive Nachprüfung durch Prognosendeduktion fortgesetzt werden muß, beziehungsweise eine Festsetzung nicht stattfinden darf."[50] Ein methodisch zulässiger Zweifel liegt vor, "... wenn der objektive ... Satz leicht überprüft ... werden kann ...,daß eine intersubjektive Einigung (consensus omnium) nicht vorliegt."[51] Außerdem - und dies bezeichnet Popper als den "Fundamentalsatz dieser methodischen Regelung der Festsetzung der Basissätze"[52] - dürfen nur "... besondere (singuläre) Wirklichkeitsaussagen durch Beschluß als "wahr" oder "falsch" festgesetzt werden ..."[53]. Die Objektivität und die Vermeidung des Dogmatismus liegen also in der *methodologischen Regelung der Beschlußfassung*.

Diese Festsetzung der Basissätze ist für die Wissenschaft notwendig: "Der Entschluß, durch den wir gewisse Basissätze einführen, ist nichts anderes als der Entschluß, die Wissenschaft, das theoretische System anzuwenden."[54] Damit gilt: "Festsetzung von Basissätzen als "wahr" oder "falsch" und Anwendung des Systems sind äquivalent."[55]

Den Unterschied zum Konventionalismus (auf diese Problematik wird im nächsten Kapitel noch ausführlicher einzugehen sein) sieht Popper einmal in seinem "Fundamentalsatz"[56] und zum andern darin, daß zwar auch die Auszeichnung einer bevorzugten Theorie Sache des praktischen Handelns ist, dieses praktische Handeln aber in der Anwendung der Theorie besteht[57]. Außerdem werden nach seiner Auffassung Basissätze nicht voneinander "logisch isoliert" anerkannt, sondern die Beschlußfassung geregelt, indem eine Theorie überprüft wird und wir "... bei dieser Gelegenheit systematisch Fragen aufwerfen, die wir dann durch Anerkennung von Basissätzen beantworten"[58]. Auf diese Weise erhält das Wort "Basis" bei Popper gewissermaßen einen ironischen Beiklang, denn: "Die empirische Basis der objektiven Wissenschaft ist also nichts Absolutes. Die Wissenschaft baut nicht auf Felsengrund."[60]

Ausgehend von der These der Nichtexistenz reiner Beobachtungssätze (Transzendenz der Darstellung: "Unsere Sprache ist von Theorien durchsetzt."[61]) versuchte also Popper mit seiner Theorie der Basissätze die "... Idee der Erfahrung (Beobachtung) durch die der objektiven kritischen Prüfung zu ersetzen..."[62].

Hier sollten wir einen Moment innehalten, um uns die Tragweite der eben dargestellten Gedanken vor Augen zu führen: weder logische Argumentation, noch eine in irgendwelche Sätze verpackte Welterkenntnis begründen Poppers wissenschaftstheoretische Überlegungen, sondern eine *Methodologie*, die den empirischen Wissenschaften durch ein geregeltes Verfahren Bezug zur Wirklichkeit geben soll[63]. Diese Richtung der Grundlegung war bereits bei der Behandlung des Abgrenzungsproblems erkennbar: Popper betont ja immer wieder, dieses sei lediglich als Vorschlag zu verstehen[64].

Damit wird zwangsläufig der Konventionalismus zu einer konkurrierenden Theorie, gegen die sich abzugrenzen Popper einige Mühe haben wird. Im Verlauf dieser Diskussion wird das Problem der Grundlegung, das beim jetzigen Stand der Untersuchung in den Bereich der Methodologie verlegt wurde, noch weiter entwickelt werden.

1.5. ERGEBNIS

Als Ergebnis dieses Kapitels sollte festgehalten werden:

Die Grundgedanken seiner Philosophie hatte Popper bereits *vor* dem Zusammentreffen mit dem Wiener Kreis und mit Wittgenstein entwickelt. Eine Auseinandersetzung mit deren Gedankengut war, wegen einer ähnlichen Sicht der Probleml-lage, unausweichlich. Dabei trifft Poppers Kritik an Wittgenstein diesen nicht - es ist vielmehr das Wittgensteinbild des Wiener Kreises, das Popper kritisiert. Im Verlauf der Auseinandersetzung mit dem Wiener Kreis, dem Popper einige Widersprüche nachzuweisen in der Lage ist, zeigt es sich bei der Behandlung des Basisproblems, daß wissenschaftstheoretische Überlegungen *ohne eine Methodologie nicht auskommen*, daß die Wissenschaftstheorie in der Methodologie gleichsam grundgelegt werden muß. Diese Erkenntnis darf man gewissermaßen als die erste"Entwicklungsstufe" des Grundlagenproblems bei Popper ansehen.

Poppers Kritik blieb auf den Wiener Kreis nicht ohne Wirkung. Carnap, der über sein Verhältnis zu Popper schrieb: "...I found the contact with Karl Popper most stimulating ..."[65], modifizierte das ursprüngliche Sinnkriterium, indem er die empirische Prüfbarkeit - freilich in etwas anderem Sinne als bei Popper - einführte: "alle synthetischen Aussagen müssen bestätigungsfähig sein"[67]; dieses neue empiristische Sinnkriterium wird nun durch Bezugnahme auf eine Sprache formuliert. Auch die Einstellung zu Wittgenstein hatte sich geändert, sein Einfluß war geringer geworden[68]. Daher meint V. Kraft, Popper habe die Konzeption des Wiener Kreises verändert[69]. Popper dagegen sah sich zu keiner Änderung seiner ursprünglichen Ideen veranlaßt; allerdings nötigt ihn der eingeschlagene Weg nun zu einer Auseinandersetzung mit dem Konventionalismus.

Anzumerken wäre hier noch, daß die Beschäftigung Poppers mit Positionen einzelner Mitglieder des Wiener Kreises auch später nicht abbrach. So entstand beispielsweise, als Carnap eine Konzeption der induktiven Logik ausarbeitete, zwischen beiden eine Kontroverse über das Problem der Induktion[70].

Hier aber soll dies nicht weiter verfolgt werden, sondern der oben angedeutete Weg, den das Grundlagenproblem aufnötigt, eingehalten werden. Er wird uns nun in eine Auseinandersetzung mit dem Konventionalismus führen.

2. POPPER UND DER KONVENTIONALISMUS

Das erste Kapitel zeigte, wie Popper zwangsläufig - um den empirischen Gehalt wissenschaftlicher Theorien zu sichern - auf eine Auseinandersetzung mit den methodologischen Ideen des Konventionalismus , die in eine hinreichende Abgrenzung münden muß, zusteuert. Auch hierbei bleibt man vorrangig auf seine beiden ersten Werke verwiesen.

Diese Auseinandersetzung ist im Vergleich zu der mit dem Wiener Kreis und mit Wittgenstein wesentlich kürzer, vielleicht etwas zu kurz geraten. Popper differenziert dabei nicht, wie es der Gegenstand erfordert hätte, zwischen den verschiedenen konventionalistischen Theorien, deren Unterschiede zum Teil beträchtlich sind, sondern er behandelt den Konventionalismus, als sei er eine eher einheitliche Position.

Daher sollen Poppers Begriff des Konventionalismus die Positionen der von Popper erwähnten Vertreter dieser Richtung, Poincaré, Duhem und Dingler, gegenüber gestellt werden, bevor Poppers Kritik zur Sprache kommt. Und da die am häufigsten gegen Popper erhobenen Vorwürfe großenteils in seiner Abgrenzung gegenüber dem Konventionalismus begründet sind (deren Stichhaltigkeit dabei in Frage gestellt wird, indem nämlich der empirische Gehalt von Theorien, die Popper als wissenschaftlich bezeichnet, angezweifelt wird), soll für diese Diskussion am Schluß des Kapitels Raum bleiben. Dabei hoffe ich, die erhobenen Vorwürfe zurückweisen zu können. Allerdings wird sich Popper dafür einen anderen Vorwurf gefallen lassen müssen. Denn er sieht sich gezwungen auf eine *Entscheidung* zugunsten seiner Methodologie zurückzugreifen, die dieser vorausliegt, nachdem er zuvor den Unterschied zwischen seiner Methodologie und der des Konventionalismus herausgearbeitet hat - letztlich zielt seine Auseinandersetzung mit dieser Position darauf ab, diese Unterschiede deutlich zu machen und nicht, wie es noch bei der Kontroverse mit dem Wiener Kreis der Fall gewesen war, systemimmanente Widersprüche in der andern Position nachzuweisen.

Damit wäre dann die zweite "Entwicklungsstufe" des Grundlagenproblems bei Popper abgeschlossen: auch die Überlegungen zur Methodologie verweisen auf einen Bereich, der ihnen vorausliegt, durch den sie grundgelegt werden müssen. Dieser wird dann als dritte "Entwicklungsstufe" im nächsten Kapitel zu untersuchen sein.

2.1. POPPERS DARSTELLUNG DES KONVENTIONALISMUS

Popper charakterisiert in seiner Darstellung die konventionalistische Position, die er als weitgehend einheitlich betrachtet, in erster Linie als Gegenposition zum Empirismus[1]: über die Wahrheit bzw. Falschheit von Naturgesetzen könne die Erfahrung nach konventionalistischer Auffassung nicht entscheiden; Naturgesetze seien demgemäß als Definitionen, als willkürliche Festsetzungen (Konventionen) zu betrachten. Die Naturwissenschaften sind für den Konventionalisten kein Bild der Natur, sondern eine ausschließlich auf Begriffen beruhende Konstruktion: "... nicht die Eigenschaften der Welt bestimmen die Konstruktion, sondern diese bestimmt die Eigenschaften einer künstlichen, von uns geschaffenen Begriffswelt ..."[2].

Dies bedeutet, daß zu jedem gegebenen System von Beobachtungssätzen, in welchem sich die Erfahrung ausdrücken soll, immer mehrere Theoriensysteme zu deren Erklärung möglich sind. Daher sieht Popper im Konventionalismus einen Verbündeten in der Auseinandersetzung mit dem Induktivismus, denn eine Verifikation einer Theorie ist nach jenem unmöglich; dazu müßte nämlich eine Theorie durch eine gewisse Menge von Beobachtungssätzen eindeutig ausgezeichnet werden. Da also die Naturgesetze nicht induziert sind, sondern kraft Konvention gelten, kann der Zusammenhang mit der Wirklichkeit nur auf deduktivem Wege hergestellt werden: auch der Konventionalismus ist also deduktivistisch[3]. Aber damit nicht genug: nicht nur eine Verifikation, sondern auch eine Falsifikation von Theorien durch Erfahrung, das heißt durch der Theorie widersprechende Basissätze, ist nach konventionalistischer Auffassung unmöglich. Denn erst die Naturgesetze, die Theorien, setzen fest, was Beobachtung, was Messung ist[4].

Doch wenn die Erfahrung nicht eine bestimmte Theorie auszeichnet, sondern immer mehrere, sich teilweise widersprechende Theorien einem bestimmten System von Beobachtungssätzen genügen - für welche Theorie soll sich dann der Naturwissenschaftler konventionalistischer Prägung entscheiden? Gemäß Poppers Darstellung wählt er die "bequemste" Lösung, nämlich die "einfachste" Theorie. Denn der Ausgangspunkt der konventionalistischen Philosophie, so schreibt Popper, ist die "Einfachheit der Welt", wie sie sich uns in den Naturgesetzen offenbart[5]. Dieser konventionalisische Begriff der Einfachheit erweist sich nach Popper als ein "ästhetisch-pragmatischer" (davon später)[6].

Was aber geschieht, wenn nun doch ein Beobachtungssatz auftaucht, der mit keiner bis dato existierenden Theorie vereinbar ist, wenn also "unerwartete Ereignisse" eintreten? Hier meint Popper bei seiner Darstellung an einem entscheidenden Punkt angekommen zu sein. Denn das System der bisher gültigen Theorien kann nach konventionalistischer Auffassung niemals durch Erfahrung erschüttert werden, da es als ein System von Definitionen von der Erfahrung unabhängig ist und nur durch Konvention Geltung besitzt. Daher erklärt der Konventionalist die mit dem besagten Basissatz auftretenden Widersprüche durch ad hoc eingeführte Hilfshypothesen: das einmal gewählte System wird also beibehalten - lediglich die Beziehung zur Wirklichkeit ist variabel, kann also in solch einem Falle korrigiert werden. Eine Beschränkung bei der Verwendung von ad-hoc-Hypothesen kennt der Konventionalismus in Poppers Darstellung nicht[7]. Durch diese "konventionalistische Wendung", oder Immunisierung, gelingt es immer, für jedes beliebige Axiomensytem "Übereinstimmung" mit der Wirklichkeit zu erzielen. Daher ist der Konventionalismus für Popper immer durchführbar[8].

Am Problem von Geometrie und Erfahrung erläutert Popper die Position des Konventionalismus noch einmal ausführlich. Ausgangspunkt ist die Frage, welche der verschiedenen, in mathematischem Sinne gleichberechtigten Geometrien ein

Physiker nun auf die Wirklichkeit anwenden soll. Nach konventionalistischer Auffassung ist es möglich, jede Geometrie in Übereinstimmung mit unserer Erfahrung zu bringen; mit dem Begriff der "angewandten Geometrie" läßt sich für einen Konventionalisten kein rechter Sinn verbinden[9]. Wenn also praktische Meßergebnisse den Sätzen der gewählten Geometrie widersprechen, so heißt dies für ihn keineswegs, daß die besagte Geometrie nicht mit der Wirklichkeit übereinstimmt, sondern lediglich, daß die als Maßstäbe verwendeten Meßkörper, die die Anwendung des Systems auf die Wirklichkeit regeln sollen, keine geeigneten Modelle dieser Geometrien darstellen. Man kann also dieselben Erfahrungstatsachen, die die Relativitätstheorie Einsteins zur Annahme einer nichteuklidischen Geometrie führten, im Sinne des Konventionalismus, der an der Annahme der euklidischen Geometrie wegen ihrer Einfachheit festhalten will, auch so deuten, daß alle starren Körper in einem Gravitationsfeld kontrahieren; die starren Körper wären demnach keine idealen Modelle von Maßstäben im Sinne der euklidischen Geometrie. Mit einer Korrektur, einer Hilfshypothese, könnte also dem Mißstand Abhilfe geschaffen werden. Das heißt, der Konventionalismus und der Empirismus streiten sich nicht um die Erfahrungstatsachen, sondern nur um deren Deutung[10]. Auch der Konventionalist anerkennt die Möglichkeit der Annahme nichteuklidischer Geometrien für die Physik, würde aber niemals zugestehen, daß diese Annahme aufgrund von Erfahrung geschähe. Der einzig mögliche Fortschritt, den er anerkennt, besteht nach Popper in der Vereinfachung des Systems[11]. Der Konventionalismus sucht, so meint Popper - hier allerdings bezieht er sich vor allem auf Dingler[12] - ein System letztbegründeter Erkenntnisse, das eine Korrektur durch Erfahrung ausschließt.

In Poppers Darstellung, so kann man zusammenfassend festhalten, finden wir den Konventionalismus als weitgehend einheitliche, deduktivistische und antiempiristische Position, die wesentlich durch folgende drei Aussagen charakterisiert ist:

a. Die Gesetze der Naturwissenschaften sind Konventionen.

b. "Widerspenstige" Erfahrung wird vermittelst ad hoc eingeführter Hilfshypothesen wieder mit dem Theoriensystem in Einklang gebracht (Immunisierungsstrategie).

c. Gesucht wird ein letztbegründetes System.

Außerdem hält Popper den Konventionalismus für immer durchführbar.

2.2. DREI VERSCHIEDENE KONVENTIONALISTISCHE POSITIONEN

Trifft Poppers Darstellung des Konventionalismus zu? Ist der Konventionalismus tatsächlich antiempirisch, ohne Beschränkung im Gebrauch von Hilfshypothesen und dem Begriff der "Einfachheit" verpflichtet? Zieht man die Schriften der von Popper angeführten Hauptvertreter des Konventionalismus zu Rate, so wird man Poppers Ausführungen in einigen Punkten bezweifeln müssen : *der* Konventionalismus als eine einheitliche Position existiert gar nicht. Jeder der drei genannten Philosophen wartet nämlich mit einer eigenen Philosophie auf, und diese "Konventionalismen" sind durchaus nicht so einfach unter einen Hut zu bringen, wie es nach Poppers Darstellung den Anschein haben mag.

Es kann natürlich nicht Aufgabe dieser Arbeit sein, den Konventionalismus in allen seinen Ausprägungen, die er im Laufe der Zeit erfahren hat, einer ausführlichen Untersuchung zu unterziehen; dies würde zu weit vom Thema abführen. Hier soll im Folgenden durch eine kurze Skizzierung der Positionen der drei Hauptvertreter angedeutet werden, daß Poppers Darstellung den Konventionalismus vereinfacht und insbesondere Duhem nicht gerecht geworden ist.

2.2.1. POINCARÉ

Mit Poincarés Wissenschaftsphilosophie, die als erste die These enthielt, gewisse physikalische Gesetze seien Konventionen, bloße Übereinkommen, wurde der Konventionalismus als eigenständige philosophische Richtung auf die Bahn gebracht[2]. Poincarés Position könnte man, verkürzt, durch zwei Schlagworte charakterisieren: "definitorisch" und "pragmatisch"[3].

Zunächst zum ersten Punkt: nach Poincaré sind gewisse Aussagen der Wissenschaften nur gültig kraft Konvention, da sie als versteckte Definitionen zu betrachten sind (so in der Geometrie und der Mechanik). Diese werden keineswegs durch Erfahrung determiniert. Sie sind als Konventionen aber nicht beliebig, sondern - und damit kommen wir zum zweiten Punkt - sie sind "pragmatisch bestimmt" als die bequemsten, die aus der Erfahrung gewonnen werden[4]. Diese grobe Charakterisierung des Poincaréschen Konventionalismus soll nun präzisiert werden.

Ausführlich diskutiert Poincaré in seinen Schriften das Problem von Geometrie und Erfahrung[5]. Nach seiner Auffassung gibt es hier nichts, weder a priori (Kant), noch empirisch (Helmholtz)[6] fest*zustellen*, sondern lediglich etwas festzu*setzen*: "Die geometrischen Axiome sind also weder synthetische Urteile a priori noch experimentelle Tatsachen. Es sind auf Übereinkommen beruhende Festsetzungen; unter allen möglichen Festsetzungen wird unsere Wahl von experimentellen Tatsachen geleitet; aber sie bleibt frei und ist nur durch die Notwendigkeit begrenzt, jeden Widerspruch zu vermeiden ... In dieser Weise können auch die Postulate streng richtig bleiben, selbst wenn die erfahrungsmäßigen Gesetze, welche ihre Annahme bewirkt haben, nur annähernd richtig sein sollten. Mit anderen Worten: die geometrischen Axiome ... sind nur verkleidete Definitionen."[7] Damit tritt der definitorische Charakter von Poincarés Konventionalismus klar zu Tage.

Was aber heißt hier, unsere Wahl sei "von experimentellen Tatsachen geleitet"? Wie soll dieses "Leiten" aussehen? Damit kommen wir zum zweiten Aspekt des Poincaréschen Konventionalismus: aus allen möglichen Festsetzungen, die sich mit der Erfahung vereinbaren lassen, soll man die "bequemste" auswählen, denn: "Eine Geometrie kann nicht richtiger sein wie eine andere, sie

kann nur bequemer sein."[8] Dies erläutert Poincaré am Beispiel der euklidischen Geometrie, welche für ihn die "bequemste" darstellt: "Und die euklidische Geometrie ist die bequemste und wird es immer bleiben:
1. weil sie die einfachste ist, und das ist sie nicht nur infolge der Gewohnheiten unseres Verstandes oder infolge irgendwelcher direkten Anschauung, sondern sie ist die einfachste in sich, gleichwie ein Polynom ersten Grades einfacher ist als ein Polynom zweiten Grades ...;
2. weil sie sich hinreichend gut den Eigenschaften der natürlichen, festen Körper anpaßt ..."[9].

Bei Poincaré finden wir also die "Bequemlichkeit" durch zwei Momente festgelegt: einmal durch formale, mathematische Einfachheit und zum zweiten durch "Angepaßtheit" an das Verhalten starrer Körper.

Wenn daher Popper, wie oben beschrieben, den Konventionalismus darstellt, als verfahre er immer nach dem Gebot der Einfachheit, so verkennt er bei Poincaré das zweite Moment, die "Angepaßtheit".

In ähnlicher Weise wie die Geometrie diskutiert Poincaré auch die Prinzipien der Mechanik: "Die Prinzipien der Mechanik stellen sich uns unter zwei verschiedenen Gesichtspunkten dar. Einerseits haben wir auf Erfahrung begründete Wahrheiten, die in sehr angenäherter Weise verifiziert sind, wenigstens soweit es sich um nahezu isolierte Systeme handelt. Andererseits haben wir Postulate, welche auf die Gesamtheit des Universums anwendbar sind und als streng richtig betrachtet werden."[10] Diese Postulate reduzieren sich nach Poincaré " ... in letzter Instanz auf ein einfaches Übereinkommen ... Dieses Übereinkommen ist jedoch nicht willkürlich ... wir nehmen es an, weil gewisse Experimente uns bewiesen haben, daß es bequem ist"[11]. So sind denn die Prinzipien der Mechanik nach Poincaré zwar aus den Erfahrungsgesetzen gewonnen, trotzdem aber zum Teil Übereinkommen: "... diese Gesetze sind sozusagen als Prinzipien hingestellt, denen unser Verstand absolute Gültigkeit beilegt."[12] In dieser Weise wird also ein gut bewährtes Gesetz "konventionell fixiert", ohne aber dadurch den Erfahrungsbezug in Frage zu stellen[13]. Damit ist bei Poincaré die Rolle der Erfahrung keineswegs auf Null reduziert, wie es in Poppers Darstellung den Anschein hat.

2.2.2. DUHEM

In der Philosophie P. Duhems finden wir einen Konventionalismus, der von dem Poincarés in einigen Punkten deutlich abweicht[14]. Vor allem: von einem definitorischen Charakter physikalischer Gesetze bzw. Theorien ist bei Duhem nicht die Rede; in seiner Philosophie kommt auch die Erfahrung zu ihrem Recht.

Das zentrale Thema der Wissenschaftsphilosophie Duhems ist die physikalische Theorie. Diese sei, so schreibt er, keine Erklärung. Sie ist für ihn vielmehr "ein System mathematischer Lehrsätze, die aus einer kleinen Zahl von Prinzipien abgeleitet werden und den Zweck haben, eine zusammengehörige Gruppe experimenteller Gesetze ebenso einfach wie vollständig und genau darzustellen"[15]. Denn "erklären" hieße, die hinter den Erscheinungen verdeckte Realität freilegen und damit Metaphysik treiben[16], was einer Unterordung der Physik unter die Metaphysik gleichkäme. Aber ein metaphysisches System wäre nach Duhem keine zureichende Basis für den Aufbau einer physikalischen Theorie. Daher plädiert er für die Autonomie der Physik gegenüber der Metaphysik; physikalische Theorien seien demnach nur Beschreibungen[17].

Vier Schritte braucht es nach Duhem, um eine physikalische Theorie zu konstituieren:
"1. Die Definition und das Maß der physikali-

schen Größen.
2. Die Wahl der Hypothesen.
3. Die mathematische Entwicklung der Theorie.
4. Die Vergleichung der Theorie mit dem Experiment."[18]

Im ersten Schritt werden physikalische Eigenschaften dahingehend untersucht, welche von ihnen als "einfach" betrachtet und welche als Kombination dieser einfachen Größen dargestellt werden können. Diesen "einfachen" physikalischen Eigenschaften werden dann - durch Festlegung der Meßmethoden - physikalische Größen (wohldefinierte Symbole) zugeordnet. Diese Grundgrößen nun werden im zweiten Schritt miteinander verknüpft und so die grundlegenden Hypothesen der Theorie formuliert. Bei diesem Schritt ist der Willkür nur insoferne eine Grenze gesetzt, als der logische Widerspruch zwischen verschiedenen Termen einer Hypothese und zwischen verschiedenen Hypothesen einer Theorie zu vermeiden ist. Bei der Ableitung der Theoreme im dritten Schritt sind allein logische Schlußregeln zugelassen. Wie bei den Hypothesen im zweiten Schritt wird also auch hier kein empirisches Äquivalent vorausgesetzt: der logische Prozeß der Ableitung ist keine Widerspiegelung eines in der Natur stattfindenden Prozesses[20]. Erst im vierten Schritt kommt die Empirie zu ihrem Recht: den im dritten Schritt abgeleiteten Theoremen wird nun mit Hilfe der Zuordnungen des ersten Schrittes ein "empirischer Sinn" gegeben derart, daß die abgeleiteten Ausdrücke wieder mit meßbaren physikalischen Größen verglichen werden können. Duhem versteht also unter einer physikalischen Theorie ein mathematisch-deduktives System, das über die Interpretation der Grundterme empirisch überprüfbar ist; sein Konzept eines Konventionalismus enthält also durchaus empirische Elemente. Popper behält allerdings recht mit der Behauptung, daß diese nur die Zuordnung der Theorie zur Wirklichkeit, ihre empirische Interpretation betreffen.

Deutlicher wird das Verhältnis von physikalischen Theorien und der Erfahrung, untersucht man die Rolle des Experimentes in Duhems Wissenschaftsphilosophie. Ein Experiment ist, so heißt es dort, niemals nur bloße Beobachtung, sondern immer Beobachtung plus Interpretation: einem Experiment geht immer eine theoretische Fragestellung voraus[21]; eine Theorie wird beispielsweise schon zur Konstruktion der Meßinstumente benötigt. Die beim Experiment verwendeten Apparate und die durchgeführten Messungen sind also immer schon "theoretisch interpretiert"[22]. Daher verweist jedes Experiment auf einen komplexen theoretischen Zusammenhang: Der experimentelle Befund kann niemals eine einzelne Hypothese allein betreffen, sondern bezieht sich immer auf den gesamten theoretischen Zusammenhang. Aus dieser, seiner "holistischen" These ergebe sich, so Duhem, daß ein negativer Befund eine einzelne Hypothese niemals schlüssig widerlegen könne, sondern es folge nur, daß irgendwo im System ein Fehler stecken müsse[23]. Daher könne man die Hypothese trotz des negativen Befundes aufrecht erhalten, wenn man an einer andern Stelle des Systems eine geeignete Modifikation durchführt. Ein experimentum crucis zwischen konkurrierenden Hypothesen ist also unmöglich, d.h.: neben der Falsifikation ist natürlich auch keine Verifikation - etwa durch Induktion - möglich[24].

Im Gegensatz zu dem definitorischen Konventionalismus seines Landsmannes Poincaré, der an einmal getroffenen Definitionen festzuhalten gedenkt, hält Duhem seine konventionalistischen Festsetzungen durchaus für korrigierbar: "In der Tat sollte man sich wohl vor dem Glauben hüten, daß jene Hypothesen, die zu allgemein anerkannten Konventionen geworden sind, deren Gewißheit den experimentellen Widerspruch niederzuschlagen und auf andere, zweifelhaftere Annahmen zu verweisen scheint, für ewig gesichert seien. Die Geschichte der Physik zeigt uns recht oft, wie der menschliche Geist dazu geführt wurde, derartige Prinzipien, die durch Jahrhunderte allgemein als unverletzbare Axiome anerkannt wurden, von Grund aus umzustürzen und seine physikalischen Theorien auf neuen Hypothesen wieder aufzubauen."[25] Durch diese "Historisierung" der Theorienentwicklung findet man bei Duhem die definitorische Beliebigkeit der Theorienbildung, wie man sie bei Poincaré antrifft, aufgehoben. Außerdem nimmt Duhem hierbei eine "pragmatische" Haltung ein: er vertraut bei der Wahl der Theorien, wie auch bei deren Änderung, auf den"gesunden Menschenverstand"[26].

Man kann also festhalten, daß Duhems Position - im Gegensatz zur Darstellung bei Popper - empiristische Elemente enthält und daß bei ihm von einer Immunisierungsstrategie einmal festgesetzter Hypothesen gegenüber der Erfahrung nur bedingt geredet werden kann - die These der Modifikationsmöglichkeit betrachtet er wohl eher als eine rein logische Möglichkeit[27].

2.2.3. DINGLER

Dingler schließlich in die konventionalistische Tradition einzureihen, fällt nicht leicht, denn sein "Konventionalismus" - falls diese Bezeichnung überhaupt hier Verwendung finden darf - unterscheidet sich doch wesentlich von dem der eben diskutierten "Väter" dieser Richtung[28]. Zwar wird er von vielen Interpreten in die konventionalistische Tradition gestellt[29] und seine Hochschätzung für Poincaré, zumindest in seiner Frühphase, darf als sicher gelten[30], doch hat Dingler seine Philosophie meist von den oben besprochenen konventionalistischen Positionen absetzen wollen. Daher heißt es bei ihm: "So steht der Konventionalismus der hier vertretenen Auffassung zwar nahe, ist aber keineswegs mit ihr identisch."[31] Dingler bezeichnet dagegen seine eigene Position oft als "Dezernismus"[32].

Während beim Konventionalismus Poincaréscher Prägung die Beliebigkeit bei der Wahl der Grundgesetze der Physik (Mechanik) lediglich durch dessen Begriff der "Bequemlichkeit" eine gewisse Beschränkung erfuhr, so versucht Dingler diese Wahl durch weitere Prinzipien derart einzuschränken, daß er Eindeutigkeit gewährleistet sieht[33]. Zur Festsetzung der Grundgesetze schreibt er: "Die Festsetzungen sind lediglich "freiwillige" insofern, als es in unserem Belieben liegt, überhaupt Festsetzungen zu machen."[34] Statt von einer Wahl spricht Dingler daher von einem Entschluß, der sich aus obersten Handlungsprinzipien eindeutig ergeben solle. Aufgrund dieser behaupteten Eindeutigkeit sieht Dingler sich von dem traditionellen Konventionalismus weit entfernt: "Darum ist auch unsere Lehre kein Konventionalismus. Denn zu einem Konventionalismus gehört die Möglichkeit einer Wahl. Wir finden aber hier, daß gar keine Wahl möglich ist, weil nur eine einzige Möglichkeit vorliegt."[35]

In seiner Betrachtung der Wissenschaft ging es Dingler vornehmlich um die Sicherheit, ja um die Unumstößlichkeit der einmal errichteten Grundlage. Aus dieser Grundhaltung heraus sah er sich genötigt, eine apriorische Grundlegeung möglichst der ganzen Physik im Rahmen seines "Systems der reinen Synthese" zu erreichen[36]. Es geht Dingler also ausdrücklich um "Letztbegründung"[37]. Die Fundamente seines Systems legt er dabei auf normierte Handlungen[38], die geleitet sein sollen von den Prinzipien der "Einfachstheit", der "Exhaustion" und letzten Endes vom "Willen zum System"[39].

Das Prinzip der Einfachstheit soll nach Dingler die "logische Konstitution" des Systems betreffen: "Wir werden also überall, wo uns die Wahl im System freisteht, die einfachsten logischen Formen wählen und zur Anwendung bringen."[40] Durch diese "Forderung der Einfachstheit" wird nach Dingler "aus der unendlichen Fülle möglicher konstruktiver Systeme eindeutig ein bestimmtes herausgehoben"[41]. Um nun aber diesen nach dem Prinzip der Einfachstheit beschlossenen Grundgesetze - die damit dem "System der reinen Synthese" angehören - auch angesichts etwaiger widersprechender Beobachtungen (Erfahrung) unumstößliche Gültigkeit zu verschaffen, ist das "Exhaustionsprinzip" vonnöten: wird ein solches Gesetz durch Erfahrung erschüttert, so ist es zu "exhaurieren", d.h.: es werden für das Abweichen der Erfahrung andere, besondere Ursachen angenommen. Dingler formuliert dies so: "Wir kommen nämlich überein, in allen Fällen, wo das betreffende Gesetz in der Beobachtung nicht zu gelten scheint, seine Geltung zu urgieren, daß wir das Nichtgelten nicht dem Gesetze, sondern "andern Ursachen" zuschreiben."[42] Dieses Exhaustionsprinzip beschränkt Dingler ausdrücklich auf Gesetze, die bereits seinem System der reinen Synthese eingegliedert sind[43]. Es geht ihm mit diesem Prinzip also um eine möglichst weitgehende Wahrung von Gesetzeszusammenhängen[44], um die Vermeidung von Umwälzungen in den Fundamenten des Wissenschaftsgebäudes.

Mit Dingler finden wir also eine Position, die wohl der Popperschen Beschreibung des Konventionalismus am nächsten kommt: hier findet das Prinzip der Einfachheit Anwendung, und das Exhaustionsprinzip impliziert eine - wenn auch gewissen Beschränkungen unterworfene - Immunisierungsstrategie im Sinne Poppers. Dingler hat denn auch Poppers Kritik am Konventionalismus als vornehmlich gegen sich gerichtet aufgefaßt[45].

2.3. POPPERS KRITISCHE AUSEINANDERSETZUNG MIT DEM KONVENTIONALISMUS

Popper sieht den Konventionalismus wohl mit Recht im Widerspruch zu seiner eigenen Position, insbesondere zu seiner Idee der Falsifizierbarkeit. Er steht in dieser Auseinandersetzung auf der Seite des Empirismus. Trotzdem betont er, wie oben bereits erwähnt, die prinzipielle Durchführbarkeit jenes Standpunktes[1].

In seiner kritischen Auseinandersetzung geht es Popper vor allem darum, den Unterschied zwischen seiner und der konventionalistischen Position herauszustreichen. Dieser wird wohl amoffenkundigsten, wenn eine bereits etablierte wissenschaftliche Theorie durch ein Experiment in Frage gestellt zu werden droht, weil das Ergebnis des Experimentes der aus der Theorie deduzierten "Erwartung" (Prognose) zuwiderläuft. In diesem Falle wird nämlich Popper von einer Falsifikation der Theorie sprechen - der Konventionalist aber wird ad hoc eingeführte Hilfshypothesen vorschieben und behaupten, die Theorie stehe unerschüttert da. Der bedeutsamste Unterschied zwischen beiden Positionen besteht also, so Popper, im Fehlen des Bezugs zur Empirie auf Seiten des Konventionalismus; Poppers eigene methodologischen Erwägungen sind auch in ersteer Linie dazu da, diesen empirischen Gehalt sicherzustellen.

Außerdem: während Popper von der Wissenschaft keine endgültige Sicherheit verlangt (menschliche Erkenntnis ist und bleibt fallibel), so behauptet nach seiner Meinung der Konventionalismus deren sichere Fundamente in Form von Konventionen: es ist also eine ganz andere Vorstellung von Wissenschaft, die der konventionalistischen Auffassung zugrunde liegt[2].

Wenn wir es also hier mit zwei gleichermaßen durchführbaren Auffassungen von Wissenschaft zu tun haben, welcher sollen wir dann den Vorzug geben? Hat nicht der konventionalistische Vorwurf an Poppers Adresse, man könne jede Theorie durch geeignete Modifikationen vor Falsifikation schützen, Naturgesetze seien also gar nicht falsifizierbar, seine Berechtigung? Genauso wie sich die konventionalistische Auffassung als immer durchführbar und damit als systemimmanent unwiderlegbar erwies, so hält Popper auch diesen Einwand von konventionalistischer Seite für unwiderlegbar. Wie ist nun diesem Dilemma zu entkommen?

Bevor Popper dieses Problem direkt angeht, stellt er noch eine kurze Vorüberlegung an: wann kann man, so fragt er, von einem vorliegenden System sagen, es sei als solches konventionalistisch oder empiristisch? Eine Analyse der logischen Form des Systems gibt uns darauf keine Antwort, da ja jedes System als widerspruchsfrei im Sinne des Konventionalismus (d.h. gegenüber der Erfahrung) aufgefaßt werden kann[3]. Außerdem wurde ja bereits festgestellt, daß zwischen Empirismus und Konventionalismus kein Streit um die beobachtbaren Tatsachen herrscht - der Gegensatz betraf lediglich deren Deutung[4]. Daher hält Popper die von ihm selbst aufgeworfene Frage für falsch gestellt, denn: "Nur mit Rücksicht auf die Methode kann man von konventionalistischen oder von empiristischen Theorien sprechen."[5] Deshalb sieht er auch nur eine Möglichkeit, dem Konventionalismus zu entkommen: "Wir können dem Konventionalismus nur durch einen Entschluß entgehen: wir setzen fest, seine Methoden nicht anzuwenden und im Falle einer Bedrohung des Systems dieses nicht durch eine konventionalistische Wendung zu retten ..."[6]

Dies ist der entscheidende Punkt in Poppers Auseinandersetzung mit dem Konventionalismus. Die Feststellung, nur vermittelst einer Entscheidung könne man die konventionalistische Position umgehen, fußt auf zwei Einsichten Poppers[7]: dem Eingeständnis der prinzipiellen Durchführbarkeit der konventionalistischen Theorie und der Erkenntnis, die empirische Auffassung unterscheide sich von der konventionalistischen nur durch die Methode. Diese Entscheidung Poppers - sie hat eine ganze Reihe von Kritikern auf den Plan gerufen - bedarf einer genaueren Untersuchung, da sie für seine Methodologie, ja für seine gesamte Philosophie von großer Bedeutung ist. *Denn diese Entscheidung ist allen methodologischen Erwägungen notwendig vorgeordnet.* Nähere Ausführungen dazu werden in Kapitel 2.5. zu machen sein.

Dieser grundsätzlichen Entscheidung gegen den Konventionalismus hat Popper noch einige Kritikpunkte an dessen Positionen zur Seite gestellt[8]. Zunächst einmal meint er, dem Konventionalismus gelänge es nicht, das Abgrenzungsproblem zu lösen[9]: denn wenn der Bezug der Naturgesetze zur Erfahrung nach Belieben abgeändert werden kann, läßt sich wohl kaum ein Kriterium zur Unterscheidung von metaphysischen oder auch pseudowissenschaftlichen und realwissenschaftlichen Sätzen finden. Außerdem kritisiert Popper den konventionalistischen Begriff der Einfachheit (hier bezieht er sich allerdings vorrangig auf Poincaré): der Konventionalismus habe den konventionalistischen Charakter seines Einfachheitsbegriffes übersehen. Und dies in zweierlei Hinsicht: einmal ist die Regel, nach welcher der einfachsten Theorie der Vorzug gegeben werden sollte, wohl als eine Konvention anzusehen und zum zweiten können natürlich für die Kriterien der Unterscheidung zwischen einfachen und weniger einfachen Theorien kaum erfahrungsrelevante Gründe angegeben werden - auch sie beruhen auf Konventionen[10]. Will man das einfachste Gesetz auszeichnen, so wird dabei vorausgesetzt, daß z.B. eine lineare Funktion "einfacher" ist als eine quadratische usw.; oder man wählt die Kurve mit der betragsmäßig kleinsten Krümmung aus, etc. Aber all diese Festsetzungen können ihren konventionalistischen Charakter wohl kaum verbergen[11].

Seine Auseinandersetzung mit dem Konventionalismus führte Popper also zu wichtigen Einsichten bezüglich des eigenen Standpunktes.

Methodologische Beschlüsse - dies hatte sich ja bereits bei der Behandlung des Basisproblems gezeigt - sind für seine Theorie unumgänglich: "Nur methodologische Beschlüsse, nach denen die Wissenschaft im Falle einer Krise verfährt, kennzeichnen die "empirische Methode", kennzeichnen eine Auffassung der Wissenschaft, die sich von der Erfahrung belehren läßt."[12] Darüber hinaus ist nun noch ein weiterer Beschluß vonnöten: der Beschluß, nicht die konventionalistische Methode, sondern die Poppersche anzuwenden. Damit ist klar: *dieser Beschluß liegt außerhalb einer jeden Methodologie* - er ist ihr vorgeordnet.

2.4. ZUR BEURTEILUNG DER POPPERSCHEN KRITIK

Nachdem nun Poppers Kritik am Konventionalismus dargestellt wurde, bleibt noch deren Stichhaltigkeit zu prüfen und zu fragen, inwieweit sie bei jedem einzelnen der drei von Popper selbst genannten Vertreter des Konventionalismus ihre Berechtigung hat.

Zuerst zu Poincaré:
Poppers Begriff der Einfachheit trifft hier nur zum Teil zu: Wenn er mit Recht behauptet, was Poincaré unter "Einfachheit" verstehe, sei durch Konvention festgesetzt und damit willkürlich, so muß auf der andern Seite darauf verwiesen werden, daß Poincaré neben der Einfachheit noch den Begriff der "Angepaßtheit" als Kriterium bei der Auswahl der "besseren" Theorie anführt. Gegen den definitorischen Charakter der Grundgesetze selbst hilft allerdings nur, und dies scheint mir Popper richtig erkannt zu haben, der Entschluß, die konvenionalistischen Methoden nicht anzuwenden.

Zu Duhem:
Hier findet Poppers Kritik wohl am wenigsten Berechtigung. Vielmehr gibt es eine große Zahl von Gemeinsamkeiten in beider Philosophie. Denn Duhems Position steht keineswegs im direkten Gegensatz zum Empirismus. Außerdem war auch Duhem als Kritiker des Induktivismus ein Deduktivist. Überdies läßt er Korrekturen der einmal festgesetzten Definitionen zu und versucht nicht zu "immunisieren". Ferner betont Duhem, geradeso wie auch Popper, daß es ein Experiment, das frei wäre von Interpretation (Theorien), nicht gibt. Darüber hinaus anerkennt Popper ja durchaus die von Duhem meines Wissens erstmals diskutierte Möglichkeit, Theorien durch Hilfsannahmen vor einer Falsifikation zu retten[1]. Freilich gibt es auch Unterschiede: bei Popper spielt die Falsifizierbarkeit einer Theorie durch Erfahrung im

Gegensatz zu Duhem, der Erfahrung nur bedingt anerkennt, eine zentrale Rolle. Außerdem hält Popper an der Möglichkeit eines experimentum crucis fest, ohne dabei den Primat der Theorie anzutasten, und lehnt die holistische Betrachtungsweise Duhems ab[2]. So trifft also Poppers Kritik am Konventionalismus auf Duhem kaum zu - von dessen Position allerdings weiß er sich abzugrenzen, entgeht aber dessen Methodologie letztlich nur durch Entschluß.

Zu Dingler:
Dingler vor allem sollte Poppers Kritik treffen. Ist dieses Ziel erreicht? Zunächst einmal: Poppers Kritik am Einfachheitsbegriff trifft auf Dingler zu, zumal dieser von der Anwendung des Prinzips der Einfachheit Eindeutigkeit erwartet. Außerdem läuft natürlich Dinglers Exhaustionsprinzip für die Gesetze aus dem "System der reinen Synthese" auf eine Immunisierungsstrategie hinaus, wenn auch nicht mit solch "universalem" Anspruch, wie Popper dies schildert[3]. Hiervor kann nach Popper freilich nur die besagte Entscheidung bewahren[4]. Von Dinglers Bestrebungen, eine Letztbegründung für die Wissenschaften zu liefern, muß sich Popper natürlich absetzen; damit ist sein Fallibilismus unvereinbar.

Damit tritt am Beispiel Dinglers das zu Tage, was die gesamte Auseinandersetzung Poppers mit dem Konventionalismus charakterisiert: hier prallen zwei Auffassungen von Wissenschaft aufeinander, die beide von sich beanspruchen können, durchführbar zu sein. Popper hat dies auch so gesehen, wenn er von der konventionalistischen Auffassung schreibt: "Dennoch schließen wir uns ihr nicht an: ihr liegt ein anderer Wissenschaftsbegriff zugrunde als der unseren, eine andere Zielsetzung, ein anderer Zweck."[5] Poppers Kritik ist denn auch eher als eine Abgrenzung zu verstehen.

Aber noch ein zweites wird hier offenkundig: Poppers Auseinandersetzung mit der Position des

Konventionalismus ist - anders als die mit dem Wiener Kreis - zu kurz geraten. Denn eine detaillierte Beschäftigung mit jedem dieser drei Autoren hätte durchaus Unschlüssiges aufdecken können. In einer Skizze soll hier kurz auf einige Ansatzpunkte für Kritik an diesen konventionalistischen Positionen hingewiesen werden:

Poincaré muß sich fragen lassen, wie er, wenn er am definitorischen Charakter der Grundgesetze der Mechanik und der Geometrie festhält, gleichzeitig von deren Angepaßtheit an das Verhalten starrer Körper reden kann. Hier scheint mir der Empirismus, welchem er gleichsam den Einlaß in sein System verweigert hatte, zur Hintertüre wieder hereinzukommen: denn diese starren Körper, denen die Geometrie angepaßt sein soll, existieren nicht kraft unserer Definition, sondern sind Teil der Empirie. Der Terminus "Angepaßtheit" stellt also eine Relation zwischen Geometrie und Empirie her. Folglich hängt die Definition der Geometire von der Erfahrung ab - eine Konsequenz, die mit dem Konventionalismus Poincarés offenkundig im Widerspruch steht[7].

Auch in *Duhems* Theorie finden sich Ansatzpunkte zur Kritik. So greift Duhem, mit der Frage nach der Willkürlichkeit in den Entscheidungen des Wissenschaftlers konfrontiert, zu einem "moralischen Appell": der Physiker müsse auf die Einhaltung gewisser allgemeiner Maximen verpflichtet werden, welche die Standards wissenschaftlicher Einstellung garantieren sollen[8]. Wie problematisch dies ist, dürfte ein Blick auf den Wissenschaftsalltag zeigen[9]. Ferner, richtet man den Blick auf Duhems Geschichtskonzeption, ist es nicht einleuchtend, wenn er auf der einen Seite die Analogie als den fruchtbarsten Faktor bei der Auswahl von Hypothesesn aufweist[10] und damit sozusagen eine "metaphysische Heuristik" zuläßt, während er auf der andern Seite auf einer strikten Trennung von Metaphysik und Wissenschaft besteht[11]. Außerdem scheint mir Duhems Betonung der Wahrheit des gesunden Menschenverstandes - der uns geradewegs zur aristotelischen

Metaphysik führe[12] - problematisch zu sein, insbesondere, weil er darin das eigentliche Fundament der Wissenschaften zu erblicken glaubt[13]. Damit wäre auch seine oben erläuterte Äußerung, ein metaphysisches System könne kein Fundament für die Wissenschaften bilden, ad absurdum geführt[14].

Bei *Dingler* erscheint es mir fraglich, ob eine Anwendung seiner methodologischen Regeln in jedem Falle Eindeutigkeit garantiert: man denke dabei nur an den Welle-Korpuskel-Dualismus in der physikalischen Theorie des Lichtes. Überdies hier das "Prinzip der Einfachstheit" als Garanten zu bemühen, scheint mir spätestens nach der Popperschen Kritik am Begriff der Einfachheit unmöglich. Außerdem ist es wenig einleuchtend, auf der einen Seite um eine Letztbegründung, um Unumstößlichkeit der Grundlagen bemüht zu sein, aber auf der andern Seite das Exhaustionsprinzip, welches erst die Unumstößlichkeit eines einmal aufgestellten Gesetzes garantieren soll, gewissen Einschränkungen zu unterwerfen. Im übrigen hat wohl die Auseinandersetzung zwischen Dingler und dem logischen Empirismus gezeigt, daß jener darauf besteht, alle Kritik an seiner Position habe von seinem "Fundamentalsystem" auszugehen, was einer Diskussion seiner Thesen nicht gerade förderlich sein dürfte[16].

Popper dagegen begnügt sich damit, grundsätzlich die Möglichkeit der Immunisierung eines jeden Systems zuzugeben und damit die prinzipielle Durchführbarkeit eines solchen Standpunktes anzuerkennen[17]. *Seine Auflösung des Konfliktes besteht also im wesentlichen darin, mittels Entscheidung seine Methodologie auszuzeichnen.* Damit hat er natürlich einer Reihe von Kritikern Vorschub geleistet, die in dieser Auseinandersetzung mit dem Konventionalismus eine Schwäche im Popperschen System wittern; nähreres dazu im nächsten Abschnitt.

Allerdings: selbst wenn Popper die systemimmanenten Schwächen der konventionalistischen Positionen nicht aufgedeckt hat (mit einer Ausnahme: seine Kritik am Einfachheitsbegriff), so heißt dies noch lange nicht, daß es diese nicht trotzdem gibt[18].

2.5. POPPER - EIN KONVENTIONALIST?

Kann Popper als Konventionalist bezeichnet werden? Eine Reihe von Interpreten vertritt diese Meinung[1]. Ihnen gemeinsam ist die Überzeugung, daß Poppers Abgrenzung gegenüber dem Konventionalismus nicht gelungen sei[2]. Als.Beleg dafür werden meist zwei Punkte angeführt: das Basisproblem ("Basiskonventionalismus") und seine Methodologie ("Regelkonventionalismus")[3]. Diese Überzeugung teile ich nicht. Daher soll auf den folgenden Seiten versucht werden, diesen Einwand gegen Popper zu entkräften. Ich will dabei in drei Schritten vorgehen und zeigen:

1. Die Poppersche Position ist von der konventionalistischen Auffassung, wie er sie selbst beschreibt, hinreichend abgegrenzt.
2. Die Poppersche Position ist von jeder der drei oben besprochenen konventionalistischen Positionen (Poincaré, Duhem, Dingler) wohlunterschieden.
3. Weder Poppers Behandlung des Baisisproblems noch seine Ausführungen zur Methodologie implizieren einen Konventionalismus.

Zunächst einmal sei zweierlei zugegeben: Poppers Auseinandersetzung mit dem Konventionalismus läßt einiges zu wünschen übrig (s.o.). Und zum zweiten ist in der Tat der Konventionalismus, gleich welcher Prägung, eine Position, die in einigen Zügen der Popperschen eng verwandt ist.

Nun aber zu Punkt 1:
Diesen zuzugeben, dürfte wohl kaum jemand schwerfallen. Popper lehnt es klar ab, in Naturgesetzen Konventionen bzw. Definitionen zu sehen; er beharrt darauf, daß die *Erfahrung* den Schiedsspruch über eine Theorie zu fällen hat, daß also Falsifikation möglich sein muß, wenn sie selbst auch fallibel bleibt. Immunisierung will er vermeiden.

Zu Punkt 2:
Klar ist hier auf alle Fälle der Unterschied zu

Dingler: keinesfalls kann bei Popper von einer Letztbegründung die Rede sein - sein Fallibilismus ist grundlegend. Außerdem gibt es die Prinzipien der Einfachstheit und der Exhaustion, die ja eine Immunisierungsstrategie implizieren, bei Popper nicht. Auch der Unterschied zu Poincaré ist offensichtlich: Popper würde sich nie mit dem definitorischen Charakter von irgendwelchen physikalischen Theorien abfinden, denn damit wäre eine Falsifikation ausgeschlossen und daher die besagte Theorie gemäß seinem Abgrenzungskriterium nicht mehr Teil der Realwissenschaften, was sie aber nach Voraussetzung sein soll. Schwieriger gestaltet sich die Abgrenzung gegenüber Duhem, da bei diesem die Erfahrung eine gewisse Rolle spielt[4]. Allerdings behauptet Duhem im Gegensatz zu Popper die Unmöglichkeit einer Falsifikation - was bekanntlich nicht die Verwerfung einer Theorie im Verlauf des Geschichtsprozesses ausschließt. Außerdem würde Popper niemals die Geschichte als Korrektiv bei der Theorienauswahl anerkennen.

Damit wären die Unterschiede zwischen den besprochenen konventionalistischen Positionen und der Poppers aufgezeigt. Dies allerdings reicht noch nicht hin, Popper vom Vorwurf des Konventionalismus freizusprechen, denn dieser, so die These seiner Kritiker, finde durch die Hintertüre, nämlich über das Basisproblem und die Methodologie ungewollt Eingang in die Poppersche Philosophie. Das hieße, Poppers eigene Darstellung, mit deren Hilfe wir die Thesen 1 und 2 begründeten, verkenne die Problematik. Damit hat sich die Diskussion auf These 3 zugespitzt, der nun die ganze Beweislast aufgebürdet werden muß, da die ersten beiden Thesen aus Poppers eigener Darstellung resultieren, die Frage nach deren Schwachstellen und Unstimmigkeiten aber außer acht lassen.

Zu Punkt 3:
Wir wollen mit dem sogenannten "*Basiskonventionalismus*" beginnen. Es ist bei Popper - ganz entgegen konventionalistischer Manier - keines-

wegs so, daß Basissätze frei erfunden, kraft Konvention *gesetzt* werden. Vielmehr werden aus der Menge der aus der Erfahrung gewonnenen Beobachtungssätze (also Sätze, die eine möglichst unkomplizierte Tatsache ausdrücken) einige *vorläufig* als Basissätze *ausgezeichnet*: sie können bei etwaigen Zweifeln widerrrufen werden. Das heißt, Poppers Basissätze verdanken nicht ihr *Vorhandensein* (ihre "erkenntnistheoretische Existenz"), sondern lediglich ihre *vorläufige Geltung* - man könnte auch sagen: ihre vorläufige Interpretation als Basissatz - einer Konvention. Dieser Tatbestand resultiert aus der Einsicht, daß es "reine Daten" bzw. sichere Beobachtungssätze, die einzig und allein auf Erfahrung beruhen - wie sie etwa dem frühen Wiener Kreis vorschwebten - nicht geben kann (Primat der Theorie). Damit ist also nicht dem Konventionalismus Tür und Tor geöffnet worden, sondern es wird lediglich der Einsicht, daß Wissenschaft auf reiner Erfahrung aufzubauen unmöglich ist, in der Weise Rechnung getragen, daß *die Erfahrung zur Grundlegung der Realwissenschaften noch der Ergänzung durch Festsetzungen im oben angedeuteten Sinne bedarf*.

Ist damit schon die Gefahr eines "Basiskonventionalismus" gebannt? Oder könnte man nicht - selbst wenn wir Poppers "Festsetzung" von Basissätzen nicht als eine "Setzung", sondern als Festlegung einer Geltung interpreteiren - noch argumentieren, daß dann die Wissenschaft nach Popper letztlich doch auf Beschlüssen beruht[5]? Und läuft Popper dann nicht Gefahr, daß sich, wie Ströker argumentiert[6], aus der Nichtverifizierbarkeit der Basissätze auch die Nichtfalsifizierbarkeit der Theorie ergibt? Diese Vorwürfe treffen nach meiner Meinung nicht zu. Hat man einmal zwischen *reiner Setzung der Basissätze* und deren *Geltung* unterschieden, so beruht die Wissenschaft keineswegs *nur*, sondern *auch* auf Beschlüssen. Diesen Tatbestand scheint auch Ströker implizit zuzugeben, wenn sie schreibt: "Hier ist also zu unterscheiden: nicht kann es

Sache eines Beschlusses sein, ob etwas und was in einem Experiment wahrzunehmen ist ... Dagegen stehen Interpretationen von Beobachtungen stets im Rahmen von Theorien ... Hier ist es Sache von Beschlüssen, wie die Vorgänge im Experiment zu interpretieren sind und ferner, ob sie für die Prüfung einer bestimmten Theorie relevant sind oder nicht."[7] Außerdem erscheint es mir sinnvoll, in diesem Zusammenhang darauf zu verweisen, was auch Ströker zur Wissenschaftspraxis schreibt: "Zunächst ist festzuhalten, daß der prinzipiell mögliche Zweifel an der Wahrheit der singulären Sätze nichts dagegen ausrichten kann, daß wir faktisch solcher Evidenz nicht mißtrauen, solange sich nicht Gegenevidenzen einstellen."[8] Es ist in der Tat im Regelfalle gar nicht so zweifelhaft, welcher Satz aus der Menge der möglichen Beobachtungssätze angenommen wird; die Wahrnehmung, die Erfahrung liefert hier das Material. Damit ist Wissenschaft keineswegs nur Sache eines Beschlusses.

Zur "Nichtfalsifizierbarkeit" wäre zu sagen, daß Poppers Fallibilismus, also das prinzipielle Eingeständnis der Irrtumsmöglichkeit sowohl bei der Festsetzung von Basissätzen, wie auch bei der Falsifikation von Theorien, hier den scheinbar gordischen Knoten löst: "Nichtverifizierbarkeit von Basissätzen" und "Nichtfalsifizierbarkeit von Theorien" könnte es nur geben, wenn man dabei mit Verifizierung und Falsifizierung ein sicheres, ein für allemal gültiges Ergebnis im Auge hat. Dies ist bei Popper sicherlich nicht der Fall: sowohl das "Verifizieren", also das Festsetzen (im oben diskutierten Sinne) von Basissätzen, als auch das Falsifizieren von Theorien ist gemäß Popper prinzipiell immer fallibel[9].

Wichtig scheint mir hierbei noch anzumerken, daß Popper bei seiner Behandlung des Basisproblems den Prinzipien der eigenen Position, des kritischen Rationalismus, genügt[10]: wie bereits erläutert,erfüllt er die Forderung des Fallibilismus. Außerdem gibt er den Beschlußcharakter offen zu und ermöglicht so eine offene und kritische Diskussion über jede der getroffenen Festsetzungen.

"Reine Wissenschaftstheorie" im Sinne eines reinen Empirismus ist also unmöglich - es sind vielmehr in den Wissenschaften immer auch Festsetzungen notwendig. Diese sollen freilich nicht willkürlich sein: erstens bekommen sie ihr "Material" aus der Erfahrung, da die Beobachtungssätze Sätze über Tatsachen sein sollen, und zweitens wird die Festsetzung durch methodologische Regeln in gewisse Bahnen gelenkt. Damit nun wären wir beim sogenannten "*Regelkonventionalismus*" angelangt. Hier müssen zunächst zwei Punkte Beachtung finden: erstens betont Popper ausdrücklich, daß er die von ihm vorgeschlagenen methodologischen Regeln als Festsetzungen betrachtet[11]. Und zweitens versteht er seine Regeln für die Wissenschaften als normativ: zwar nicht als Imperative, die die Wissenschaften zu befolgen hätten, wohl aber als methodologische Zielvorstellungen[12]. Popper hat allerdings an keiner Stelle seines Werkes einen zusammenhängenden Regelkanon aufgestellt; methodologische Regeln tauchen hie und da vereinzelt auf. So heißt es beispielsweise in der "Logik der Forschung" noch, die "oberste Regel" oder Norm sei, "... die verschiedenen Regelungen des wissenschaftlichen Verfahrens so einzurichten, daß eine etwaige Falsifikation der in der Wissenschaft verwendeten Sätze verhindert wird."[13] Später hat er dann das Prinzip der Kritikmaximierung und das des größtmöglichen Risikos in den Vordergrund gestellt[14]. Wie bereits festgestellt wurde, hält Popper methodologische Regeln für unentbehrlich, um den - teilweise - empirischen Charakter der Realwissenschaften zu bewahren. Die logische Analyse hat da ihre Grenze: "Wer in den empirischen Wissenschaften strenge Beweise verlangt oder strenge Widerlegungen, wird nie durch Erfahrung eines Besseren belehrt werden können."[15] Beim Basisproblem hatte er bereits die Notwendigkeit von Festsetzungen dargelegt. Ferner ergab sich aus seiner Auseinandersetzung mit dem Konventionalismus - also mit dem, was Popper unter Konventionalismus versteht - , daß eine konventionalistisch orientierte Wissenschaft sich von einer empirisch ausgerichteten, zu der sich Popper hingezogen fühlt, lediglich durch die Methode unterscheidet, nach der sie die empirischen Tatsachen interpretiert. Also auch empirisch orientierte Wissenschaften benötigen nach Popper eine bestimmte Methodologie: nämlich diejenige, sich durch Erfahrung belehren zu lassen, indem man einer Falsifikation von Theorien nicht durch Immunisierungsstrategien auszuweichen versucht, sondern sie zuläßt, ja, gemäß dem Abgrenzungskriterium, als ein Zeichen der Wissenschaftlichkeit wertet und sich damit grundsätzlich einer kritischen Diskussion unterwirft, die allein die Objektivität der Wissenschaft garantiert[16].

Hier nun hat der Einwand gegen Poppers "Regelkonventionalismus" seinen Platz: Wenn Popper den Festsetzungscharakter seiner methodologischen Regeln zugibt, gleichzeitig die Durchführbarkeit des Konventionalismus anerkennt und diesem daher nur durch einen Beschluß entkommen kann, so stehe er mitten im konventionalistischen Lager, seine Philosophie sei nichts anderes als eine besondere Art des Konventionalismus, auch ohne daß er selbst dies zugäbe[17]. Und weiter: selbst wenn es Popper gelungen ist, die Notwendigkeit einer Methodologie für die Realwissenschaften aufzuzeigen, so ist damit noch lange nicht der Nachweis für eine bestimmte Methodologie erbracht - letztere verlangt doch offensichtlich nach einer Begründung.

Nun hat Popper, wie oben erwähnt, bekannt, daß es ein anderer Begriff von Wissenschaft sei, der ihn vom Konventionalismus unterscheidet. Und selbstverständlich wird sich die Methodologie nach dem zugrundegelegten Begriff von Wissenschaft auszurichten haben. Allerdings ist dies noch keine Begründung für eine bestimmte Methodologie, denn das Problem wäre lediglich auf den andersartigen Wissenschaftsbegriff verlagert. Eine andere Anregung, diesen Einwand zu entkräften, finden wir bei E. Ströker, die nämlich meint, Poppers Normen seien "methodologische Konsequenzen seiner Erkenntnistheorie"[18]. Sie hält es daher für besser, in diesem Zusammenhang nicht von Festsetzungen zu reden. Wenn beispielsweise der Wissenschaftstheoretiker Popper die Wissenschaften auf die Erkenntnis der Wahrheit verpflichte und der Erkenntnistheoretiker Popper zu der Einsicht gelangt ist, daß menschliches Erkennen immer fehlbar sei, so erscheine das Prinzip der Kritikmaximierung als folgerichtig[19]. Allerdings bleibt auch bei dieser Erklärung für den obigen Einwand ein Schlupfloch, denn auch hier wird ja zunächst ein Wissenschaftsbegriff gesetzt, nach dem sich dann die Methodologie ausrichtet.

Nun scheint es mir dennoch unzutreffend, Popper hier des Konventionalismus zu bezichtigen. Zunächst einmal: nicht jede Philosophie, die an irgend einer Stelle nach Entscheidungen verlangt, kann man sogleich mit dem Stempel "konventionalistisch" versehen[20]. *Denn auch zum Konventionalismus ist eine Entscheidung notwendig, die nicht selbst integraler Bestandteil desselben sein kann: man muß sich zunächst einmal entscheiden, die konventionalistische Methodologie anzuwenden.* Und diese Entscheidung ist von grundlegenderer Natur als diejenige, die irgendwelchen Gesetzen Geltung kraft Konvention einräumt. *Genauso könnte an dieser Stelle eine Entscheidung gegen den Konventionalismus fallen.* Und gerade dies ist bei Popper der Fall. Die besagte Entscheidung für oder gegen den Konventionalismus ist diesem *vorgeordnet* - "konventionalistisch" kann sie daher keinesfalls genannt werden[21].

So bleibt noch die Frage nach der *Willkürlichkeit* der Wahl einer (besser: der Entscheidung für eine) Methodologie zu klären. Dies nun führt zur dritten "Entwicklungsstufe" des Grundlagenproblems bei Popper. Denn an dieser Stelle bleibt in der Tat zunächst ein Problem offen: soll jene Entscheidung nicht der Willkürlichkeit anheimfallen, ist sie also begründbar, so haben wir nach tieferliegenden Kriterien zu fragen, die solche Gründe liefern.

Und hier scheint mir eine Lücke, eine Bruchstelle in Poppers Reflexion zu sein. Denn in den "Grundproblemen" schreibt er: "Die Methodentheorie wird also zu einer Lehre, die ausgeht von gewissen wissenschaftlichen Werten, oder, wenn man ein nüchterneres Wort verwenden will, von gewissen wissenschaftlichen Zielsetzungen oder von wissenschaftlichen Zwecken. Solche wissenschaftlichen Zwecke oder Zielsetzungen kann es sehr verschiedene geben. Eine rationale Entscheidung zwischen ihnen halte ich für unmöglich."[22] Und weiter: "Wir stehen also mit dem Konventionalismus gemeinsam auf dem Standpunkt, daß die letzten Grundlagen alles Erkennens in einem Akt freier Setzung, das heißt in einer Zielsetzung, die ihrerseits nicht mehr rational begründet werden kann, zu suchen ist. Es ist in anderer Form Kants Gedanke vom Primat der praktischen Vernunft."[23] Wenn auch Popper den Gedanken vom Primat der praktischen Vernunft später beibehält[24], so bleibt er dennoch nicht, wie das erste Zitat nahelegt, bei der Entscheidung zwischen verschiedenen wissenschaftlichen Zielsetzungen als der Grundlage seiner Theorie stehen, sondern schiebt das Grundlagenproblem noch weiter vor zu den Fundamenten des Rationalismus (der dritten "Entwicklungsstufe"), der seinerseits auf einer Entscheidung beruht[25]. Die Reflexion bereits bei der Entscheidung zwischen den verschiedenen wissenschaftlichen Zielsetzungen mit dem Verweis auf eben diese Verschiedenartigkeit abzubrechen, wie Popper dies noch in den "Grundproblemen" tat, hieße doch tatsächlich nichts anderes, als der Willkür bezüglich der in den Wissenschaften verwendeten Methoden Tür und Tor zu öffnen[26].

Aber allein schon die Tatsache, daß Popper dort von einer - wenn auch noch für unmöglich gehaltenen - Entscheidung zwischen diesen Zielvorstellungen mittels Rationalität spricht, deutet die später erst in vollem Umfange erkannte Rolle des Rationalismus an. Dieser Punkt ist allerdings bei Popper zur Zeit der "Grundprobleme" und der "Logik der Forschung" noch nicht genügend reflektiert.

Faßt man die letzten Untersuchungen zusammen, so kann man festhalten, daß es ungerechtfertigt ist:
a. Popper vorzuwerfen, er habe sich vom Konventionalismus ungenügend abgegrenzt; und
b. seine Philosophie als verdeckten Konventionalismus zu bezeichnen.

Punkt b beinhaltet insbesondere seine Behandlung des Basisproblems und seine methodologischen Überlegungen.

Wollte man allerdings - sehr viel vorsichtiger - in diesen beiden Fällen von "konventionalistischen Elementen" in Poppers Philosophie reden, so ließe sich dagegen kaum etwas einwenden: daß es Gemeinsamkeiten mit konventionalistischen Philosophien gibt, hat Popper immer zugestanden. Im Verfolg der Frage nach der Willkür bei der Entscheidung für bestimmte wissenschaftliche Zielsetzungen stößt man allerdings auf eine Bruchstelle in Poppers Reflexion: in seinen ersten Werken ist von dieser Entscheidung als der grundlegenden die Rede - Willkür bleibt daher dort noch nicht ausgeschlossen. Der Preis für den Freispruch vom obigen Punkt b ist also beim derzeitigen Stand der Reflexion über das Grundlagenproblem der Vorwurf der Willkürlichkeit, des Dezisionismus. Erst durch die Weiterentwicklung der Grundlagenproblematik in der dritten "Entwicklungsstufe" wird Popper diesen Vorwurf zurückweisen können. Dies wird im nächsten Kapitel zur Darstellung kommen.

2.6. ERGEBNIS

Poppers Auseinandersetzung mit dem Konventionalismus ist von anderer Art als die mit dem logischen Empirismus. Während er dort die immanenten Schwierigkeiten und Widersprüche in der Philosophie des Wiener Kreises aufzeigte, besteht hier seine Kritik eher *im Hervorkehren der Unterschiede* beider Positionen. Daher versucht er auch, den Konventionalismus als eine einheitliche Gegenposition aufzubauen. Dies bringt es natürlich mit sich, daß die drei erwähnten Vertreter der konventionalistischen Philosophie, Poincaré, Duhem und Dingler, nur zum Teil berechtigt kritisiert werden: vor allem mit Duhem gibt es eine Reihe von Gemeinsamkeiten. Der definitorische Charakter in Poincarés Wissenschaftstheorie wird aber genauso zurückgewiesen wie Dinglers Anspruch der Letztbegründung und wie die Zulässigkeit von Immunisierungsstrategien. Diese Zurückweisung geschieht bei Popper letzten Endes durch die *Entscheidung, die konventionalistischen Methoden nicht anzuwenden.*

Ist Popper nun, insgesamt gesehen, die Abgrenzung gegenüber dem Konventionalismus gelungen? Ich denke schon: über die Basissätze erhalten nach Popper wissenschaftliche Theorien Bezug zur Empirie. Dieser ist allerdings nur durch zusätzliche Festsetzungen gewährleistet. Ein Rest von Empirismus bleibt aber bewahrt. Dabei entkommt Popper konventionalistischen Immunisierungsstrategien nur durch seine oben erwähnte Grundsatzentscheidung. *Diese allerdings steht selbst außerhalb einer jeden Methodologie: sie ist dieser vorgeordnet.*

Hiermit sind wir also, nach dem Basisproblem, auf eine zweite Stelle in Poppers Philosophie gestoßen, die die Notwendigkeit von Festsetzungen offenkundig werden läßt. Diese beiden Festsetzungen sind allerdings vom Charakter und Geltungsanspruch her andersartig: war die erste aus wissenschaftstheoretischen Überlegungen erwachsen, so ist die zweite für die - die wissenschaftstheoretischen Überlegungen einbettende - Methodologie notwendig geworden. *Jene erste Festsetzung setzt also diese bereits voraus.*

Damit wäre der Nachweis erbracht, daß auch das Gebiet der Methodologie, wie schon im ersten Kapitel die Wissenschaftstheorie, hinsichtlich des Grundlagenproblems offenbleibt: denn eine Fundierung der Entscheidung für eine bestimmte Methodologie ist notwendig, will man der Willkür entgehen.

Dies ist als das Ergebnis der zweiten "Entwicklungsstufe" des Grundlagenproblems bei Popper anzusehen: *Auch die Überlegungen im Bereich der Methodologie verweisen auf einen Bereich, der ihnen vorausliegt, denn jene Entscheidung ist ja nicht selbst Teil der Methodologie.*

Daher gilt es, nach noch tieferliegenden Fundamenten der Popperschen Philosophie zu forschen.

3. DIE GRUNDLEGUNG DES KRITISCHEN RATIONALISMUS

Die vorliegende Untersuchung ist nun bis zu dem Punkt gediehen, wo Poppers Lösung des Grundlagenproblems - die dritte "Entwicklungsstufe" - besprochen werden kann, nachdem der Weg, der ihn dorthin führte, nachgezeichnet worden ist. Dabei wird sich herausstellen, daß Poppers Schüler Bartley und Albert zum Teil eigene Wege gingen, und daß Poppers Lösung einer Ergänzung bedarf, von der er implizit auch Gebrauch macht: die Stringenz der Grundkonzeption des kritischen Rationalismus kann nur gewahrt werden durch die Anerkennung dessen, was ich den "fundamentalen Rationalismus" nenne. Denn um sich für den kritischen Rationalismus oder für einen Rationalismus, wie Popper ihn beschreibt, entscheiden zu können, muß man sich auf eine rationale Struktur stützen, die daher diesem zugrunde liegt. Dieser "fundamentale Rationalismus" gehört aber nicht nur in den spezifischen Problemkreis des kritischen Rationalismus, sondern dient gleichsam als Grundlage aller sprachlich sich äußernden Philosophie. Eine stringente Konzeption der Grundlagen des kritischen Rationalismus soll also das Ergebnis dieses Kapitels sein.

3.1. DIE WEITERENTWICKLUNG DER POPPERSCHEN PHILOSOPHIE

Die bisherigen Untersuchungen haben sich fast ausschließlich auf die beiden ersten Werke Poppers, "Die beiden Grundprobleme der Erkenntnistheorie" und "Logik der Forschung",die beide zwischen 1930 und 1934 geschrieben wurden, konzentriert. Dabei konnte gezeigt werden, daß bereits dort Poppers Gedankengänge auf das Grundlagenproblem hinsteuern - was ich mit der ersten und zweiten "Entwicklungsstufe" des Grundlagenproblems umschrieben habe. Allerdings wurde es in diesen beiden Publikationen noch nicht angemessen erörtert. Dies geschieht erst in einem späteren Werk, der "Offenen Gesellschaft", insbesondere im zweiten Band.

An dieser Stelle ist es ratsam, einen Blick auf Poppers intellektuelle Entwicklung zu werfen. Denn es ist keineswegs so, daß die Philosophie Poppers gleich zu Beginn seines Schaffens all die Thesen enthielt, die heute als kritischer Rationalismus diskutiert werden[1]. Das erste Kapitel hatte ergeben, daß er einige seiner Grundideen bereits 1919 fixierte. Diese fanden, zusammen mit der Auseinandersetzung mit dem Wiener Kreis, mit Wittgenstein und dem Konventionalismus, in den bereits erwähnten beiden Werken ihren Niederschlag. In dieser Diskussion standen die Wissenschaftstheorie und die Methodologie im Vordergrund. In seinen beiden nachfolgenden Schriften, dem "Elend des Historizismus" (teilweise bereits 1935 skizziert; 1944 und 1945 in der Zeitschrift "Economica" erstmals veröffentlicht[2]) und dem für diese Arbeit bedeutsameren, den beiden Bänden "Die offene Gesellschaft und ihre Feinde" (ursprünglich eine Ausarbeitung des 10. Abschnittes des "Elend des Historizismus", 1943 abgeschlossen[3]) verschiebt sich, durch die politischen Ereignisse bedingt, Poppers Interesse (er verließ Wien 1937 mit dem Ziel Neuseeland): im Mittelpunkt stehen nun Fragen der

Politik, Gesellschaft und Geschichte. Er schreibt dazu: "Das Elend des Historizismus und Die offene Gesellschaft waren meine Versuche, einen Beitrag zum Krieg zu leisten. Ich dachte, daß das Problem der Freiheit vielleicht wieder zu einem zentralen Problem werden würde ... Deshalb waren diese Bücher als eine Verteidigung der Freiheit gedacht ... und als eine Warnung vor den Gefahren des historizistischen Aberglaubens. Beide Bücher ... können als Beiträge zur kritischen Philosophie der Politik bezeichnet werden."[4]
Trotz dieser Verschiebung bezüglich der Problembereiche ist die Verbindung zu früheren Werken nicht zu übersehen: Poppers Engagement für die kritische Methode (trial and error), für die er bereits in seinen ersten Büchern eingetreten war - zumindest, was den Bereich der Realwissenschaften anbelangt - ist auch hier vorherrschend. Er ist nun aber der Meinung, diese Methode sei "... über den Bereich der Wissenschaften hinaus auf alle jene Gebiete" anwendbar."... für die kritische Prüfungen charakteristisch sind"[5]. Um diesen Anspruch noch zu unterstreichen, wird "Vernunft" als "Offenheit für Kritik" interpretiert[6]. Diesen Gedanken kann man auch als Erweiterung des Abgrenzungskriteriums auffassen[7]: an die Stelle der Falsifizierbarkeit, die sich zwangsläufig nur auf Sätze über Empirisches beziehen konnte, ist nun die (intersubjektive) Kritisierbarkeit von Theorien gerückt[8]. Damit soll einmal die Rolle von nichtfalsifizierbaren Sätzen für die Wissenschaften betont und zum andern eine Diskussion solcher Sätze, die zwar nicht falsifizierbar, wohl aber kritisierbar sind, ermöglicht werden. Von dieser Möglichkeit macht Popper dann auch ausgiebig Gebrauch - so beispielsweise schon bei der Diskussion der Platonischen, der Hegelschen und der Marxschen Philosophie in der "Offenen Gesellschaft"[9]. Vielen seiner späteren Gedanken, welche er selbst mit dem Attribut "metaphysisch" versieht, wird hier der Boden bereitet.

Jetzt erst führt Popper den Namen "Kritischer Rationalismus" für seine Position ein: dieser bezieht sich also ausdrücklich auf die, bezüglich des Anspruchs erweiterte, "kritische Einstellung", die sich der Methode von Versuch und Irrtum (trial and error) bedient[10].

Die Verschiebung des Gegenstandes der Untersuchung von den Realwissenschaften auf Fragen der Gesellschaft und Geschichte fördert noch ein anderes zutage: während in seinen früheren Werken für die Bedingung der Objektivität der empirischen Basis der Hinweis auf intersubjektive Prüfbarkeit genügen mußte, stellt Popper nun eine "offene Gesellschaft" als Bedingung für eine kritische Diskussion und damit auch für die Objektivität der Wissenschaften heraus. Diese hänge nicht mit dem einzelnen Wissenschaftler zusammen, sondern sie bestünde in der Zusammenarbeit der Wissenschaftler; sie lasse sich mit Hilfe sozialer Institutionen (Labors, Zeitschriften u.ä.) fördern[11]. Wissenschaftliche Objektivität, so heißt es nun, könne man als "Intersubjektivität der wissenschaftlichen Methode" beschreiben[12]. Popper schreibt dazu: "Die wissenschaftliche Methode selbst hat ihre sozialen Aspekte. Die Wissenschaft, und insbesondere der wissenschaftliche Fortschritt, ist nicht das Ergebnis isolierter Leistungen, sondern der freien Konkurrenz der Gedanken. Denn die Wissenschaft braucht immer mehr Konkurrenz zwischen Hypothesen und immer rigorosere Prüfungen. Und die konkurrierenden Hypothesen müssen durch Personen vertreten werden ... Diese persönliche Vertretung muß institutionell organisiert werden, wenn sie funktionieren soll. Und diese Institutionen müssen unterhalten und gesetzlich geschützt werden. Letztlich hängt der Fortschritt in sehr hohem Maße von politischen Faktoren ab, von politischen Institutionen, welche die Gedankenfreiheit garantieren: von der Demokratie."[13] Wissenschaft und wissenschaftlicher Fortschritt in Poppers Sinn haben also gewisse gesellschaftliche Rahmenbedingungen, welche die kritische Diskussion der Wissenschaftler untereinander ermöglichen sollen, zur Voraussetzung; ihre Objektivität beruht "in gewissem Maß auf sozialen Institutionen"[14].

Zwei Merkmale der Entwicklung Poppers von seinen beiden frühen Werken zur "Offenen Gesellschaft" wollen wir festhalten: zunächst einmal ist sie gekennzeichnet durch eine *Anknüpfung* an seine früheren Untersuchungen, indem er die Bedeutung der Methode von Versuch und Irrtum ("Wir können aus unseren Fehlern lernen"[15]) betont. Das zweite Merkmal ist die *Erweiterung des Anspruches* dieser Methode, denn Poppers Untersuchung zu gesellschaftlichen, politischen und historischen Problemen hat ergeben, daß sie auch hier Anwendung findet. Deutlich werden diese beiden Punkte an der Entwicklung des Popperschen Begriffs der Objektivität: an seinen früheren Gedanken der intersubjektiven Prüfbarkeit anknüpfend, arbeitet er nun für die Kritik notwendige, gesellschaftliche Rahmenbedingungen heraus.

Wesentlich aber für uns wird ein dritter, bisher noch nicht erwähnter Punkt sein: Popper behandelt in seiner "Offenen Gesellschaft" ausführlich die Grundlagenproblematik des kritischen Rationalismus in Gestalt der Grundsatzentscheidung zwischen Rationalismus uns Irrationalismus, die, wie sich noch herausstellen wird, die Grundlage seiner Philosophie bildet.

3.2. POPPERS ÜBERLEGUNGEN ZUM GRUNDLAGENPROBLEM

Popper diskutiert die Grundlagenproblematik des kritischen Rationalismus in den beiden Bänden der "Offenen Gesellschaft", indem er einmal die *Nichtableitbarkeit von Normen aus Naturgesetzen* aufzeigt, um damit den "psychologischen Naturalismus", den er bei Platon zu finden meint, aus den Angeln zu heben, und zum zweiten, indem er auf die *Notwendigkeit der Entscheidung zwischen Rationalismus und Irrationalismus* verweist, um damit dem "Aufstand" der "orakelnden Philosophie" gegen die Vernunft zu begegnen. Beide Gedanken hängen wie folgt zusammen: da sich ein umfassender Rationalismus, der mit dem Begründungsgedanken verknüpft ist, als nicht konsequent durchführbar erweist, und zum andern ein unüberbrückbarer Dualismus zwischen Tatsachen und Werten besteht, so ist eine *Entscheidung* für den Rationalismus nötig, die man aber nicht aus Tatsachen herleiten kann - sie verweist uns vielmehr auf den Bereich der Werte[1]. *Poppers kritischer Rationalismus respektiert den Primat der praktischen Vernunft.* Dieser Gedankengang soll nun noch genauer verfolgt werden.

3.2.1. DER DUALISMUS VON SEIN UND SOLLEN

Den sogenannten "kritischen Dualismus" von Sein und Sollen diskutiert Popper im ersten Band seiner "Offenen Gesellschaft" ausführlich, wo er auf die Soziologie Platons eingeht. Diesem hält er nämlich vor, den besagten Dualismus nicht beachtet zu haben und einen Naturalismus zu vertreten, der zur Rechtfertigung natürlicher Vorrechte der Vornehmen benutzt würde[2].

Kennzeichen einer "geschlossenen Gesellschaft" sei es, im Gegensatz zu der von Popper befürworteten "offenen Gesellschft", den Unterschied zwischen Naturgesetzen und normativen Gesetzen nicht zu erkennen und insbesondere letztere als von der Natur oder einer Gottheit vorgegeben hinzunehmen. Diesen Unterschied aber hält Popper für äußerst bedeutsam[3]: ein Naturgesetz beschreibt eine "... strikte, unveränderliche Regelmäßigkeit, die entweder tatsächlich in der Natur besteht (in diesem Fall ist das Gesetz ein wahrer Satz) oder nicht besteht (in diesem Fall ist es falsch)"[4]. Es ist also - trotz seines hypothetischen Wahrheitswertes - unveränderlich, es läßt keine Ausnahmen zu (Allsatz). Daher kann ein Naturgesetz weder übertreten, noch erzwungen werden - es ist in diesem Sinne "außerhalb menschlicher Kontrolle"[5].

Anders steht es mit normativen Gesetzen: diese können von Menschen durchgesetzt, übertreten und natürlich auch geändert werden. Wird ein solches normatives Gesetz eingehalten, so ist dies nach Popper immer auf menschliche Einwirkung, menschliche Handlungen oder Entscheidungen zurückzuführen[6].

Eine "Offene Gesellschaft" dagegen ist durch die Annahme des *kritischen Dualismus* gekennzeichnet[7]: dieser erkennt die oben ausgeführte Unterscheidung zwischen Naturgesetzen und normativen Gesetzen an. Er behauptet, letztere seien Menschenwerk und der Mensch sei für sie "moralisch verantwortlich". Popper schreibt dazu: "Normen sind das Werk des Menschen in dem Sinn, daß niemand außer uns selbst für sie verantwortlich ist - weder die Natur noch Gott." Und weiter: "Die Natur besteht aus Tatsachen und Regelmäßigkeiten und ist an sich weder sittlich noch unsittlich. Wir sind es, die der Natur unsere Maßstäbe aufzwingen, und wir führen auf diese Weise Sitten in die natürliche Welt ein ..."[8].

Noch ein Zweites behauptet der von Popper vertretene kritische Dualismus, und gerade darauf werden wir unser Augenmerk zu richten haben:

Normen, Entscheidungen lassen sich niemals aus Tatsachen herleiten[9]. Da sie sich aber auf Tatsachen beziehen und andererseits bestimmte Tatsachen zu Entscheidungen Anlaß geben (beispielsweise Verhältnisse des sozialen Lebens, die man gerne verbessert sehen möchte)[10], sieht Popper sich genötigt, einem Einwand gegen die Anerkennung des Dualismus zu begegnen, der Folgendes behauptet: Entscheidungen seien Tatsachen - wenn sich jemand entschließe, eine Norm anzuwenden, so sei dies eine Tatsache, die obendrein noch von andern Tatsachen, nämlich gewissen sozialen Umständen wie Erziehung, Umwelt etc, beeinflußt werde. Deshalb, so schließt der Einwand, sei es absurd, von einem Dualismus zwischen Normen und Tatsachen zu reden. Sicherlich ist, so hält Popper dem entgegen, das Fällen einer Entscheidung, die Annahme einer Norm eine Tatsache. Aber deswegen ist die angenommene Norm selbst noch lange keine Tatsache. Die Nichtherleitbarkeit von Entscheidungen aus Tatsachen läßt sich leicht demonstrieren, indem man nämlich auf die immer mögliche gegenteilige Entscheidung verweist: Wenn eine Person A - durch gewisse Umstände inspiriert - sich zur Annahme einer bestimmten Norm X entschließt, so hätte A immer auch X ablehnen können[11].
Der kritische Dualismus, die Behauptung der Irreduzibilität von Werten bzw. Entscheidungen aus Tatsachen, führt Popper dazu, die These der *Autonomie der Ethik* zu vertreten. Dies ist für unseren Zusammenhang das wichtigste Ergebnis aus seinen Überlegungen zum Dualismus von Sein und Sollen.

Hier stellt sich Popper bewußt in eine Tradition, die bereits bei den Griechen - hier nennt er Protagoras und den historischen Sokrates - ihren Anfang nahm und die gesamte Philosophiegeschichte durchzieht. So finden wir bei Hume bereits eine Kritik des Sein-Sollen-Fehlschlusses, der aus der Nichtbeachtung des eben diskutierten Dualismus resultiert[12]. Von Kant wird der Gedanke der Autonomie des Willens (praktische Vernunft) vorgetragen, der darin besteht, daß der Wille sich nicht von etwas anderem (Sinnlichkeit, soziale "Zwänge") bestimmen läßt, sondern selbst Ursprung seines Wollens ist; dies bedeutet nichts anderes als die Irreduzibilität von Normen aus Tatsachen. Diese Autonomie ist nach Kant die Grundlage aller Sittlichkeit, ihr Prinzip der kategorische Imperativ[13]. In neuerer Zeit finden sich derartige Gedanken etwa bei G.E. Moore (Principia Ethica) und bei R.M. Hare[14]. Daß es auch gegenläufige Tendenzen gibt, bedarf kaum der Erwähnung[15].

3.2.2. DIE ENTSCHEIDUNG ZWISCHEN RATIONALISMUS UND IRRATIONALISMUS

Im Zusammenhang mit seiner Kritik an den Lehren Hegels und Marxens und deren Interpreten kommt Popper im zweiten Band seiner "Offenen Gesellschaft" auf das Grundlagenproblem des Rationalismus zu sprechen[16]. Denn er sieht in der Nachfolge jener beiden Philosophen einen "Aufstand gegen die Vernunft" sich etablieren, der "historizistischen Prophezeihungen orakelnder Philosophien" den Weg bereite. Daher hält er die Auseinandersetzung zwischen dieser irrationalistischen Strömung auf der einen und dem Rationalismus auf der anderen Seite für den "wichtigsten intellektuellen Konflikt" unserer Zeit[17].

Bevor in diese Auseinandersetzung eingetreten werden kann - und Popper ergreift dabei engagiert für den Rationalismus Partei - gilt es, eine nähere begriffliche Bestimmung des Terminus *Rationalismus* auszuführen, wie er bei Popper Verwendung findet. Drei Aspekte sind dabei von einiger Wichtigkeit:

1. Der Gebrauch des Wortes "Rationalismus"

bei Popper entspricht nicht dem in der Philosophiegeschichte, wo darunter der Intellektualismus, etwa die Leibnizsche Position, im Gegensatz zum Empirismus, etwa Hume, verstanden wird. Bei Popper finden wir sowohl Aspekte des Empirismus - man denke hierbei vor allem an das Basisproblem - als auch solche des Intellektualismus (Primat der Theorie). Wesentlich ist dabei die Inkaufnahme eines konsequenten Fallibilismus.

2. Popper betont den gesellschaftsrelevanten Aspekt des Rationalismus: "Die Vernunft ist, wie auch die Sprache, ein Produkt des sozialen Lebens."[18] Dies bezeichnet er als eine "interpersonelle Theorie der Vernunft"[19]. Es ist eine Konsequenz seines methodischen Kritizismus: "Die Vernunft und die Wissenschaft wachsen beide durch gegenseitige Kritik; die einzig mögliche Weise, dieses Wachstum zu "planen", besteht in der Entwicklung von Institutionen, die die Freiheit dieser Kritik, das heißt die Freiheit des Denkens sichern."[20]

3. Der dritte Aspekt ist das Eingeständnis unserer Beschränkungen, der Appell für "intellektuelle Bescheidenheit" und die "Einsicht, daß wir von der Vernunft nicht allzuviel erwarten dürfen". Dies ist eine Konsequenz des Fallibilismus, der keine Autorität, auch icht die eigene, als letztverbindlich anerkennen will[21].

Den *Irrationalismus* dagegen charakterisiert Popper als diejenige Position, die anstelle der Vernunft das Gefühl für die tragende Komponente der menschlichen Existenz ansieht - ein Appell an die Gefühle und Leidenschaften der Menschen sei allemal wirkungsvoller als der an die Vernunft[22].

Hier sei bereits darauf hingewiesen, daß diese Unterscheidung Poppers zwischen Rationalismus und Irrationalismus nicht aufrecht erhalten werden kann. Popper beschreibt nämlich hier zwei Positionen, die *beide* noch dem Rationalismus zugerechnet werden müssen. Dies wird im Verlauf der Untersuchung noch deutlich werden[23].
Die Auseinandersetzung zwischen diesen beiden

gegensätzlichen Positionen ist keineswegs neu: Ausdrücklich weist Popper darauf hin, daß es bereits in den Anfängen der griechischen Philosophie, die er im wesentlichen für rationalistisch hält, irrationale Unterströmungen gegeben habe[24]. Aber für die Gegenwart konstatiert er eine besondere Situation: Heute hätten sich beide Lager derart gegeneinander "abgeschottet", daß eine Verständigung, ja eine ergiebige Diskussion schier unmöglich geworden sei: "Nie war der Bruch so vollständig"[25].

Nun aber in medias res: Popper steht entschieden auf seiten des Rationalismus (hier ist natürlich der Begriff in der oben beschriebenen Weise zu verstehen). Daher ist er an der Konsistenz dieser Position interessiert. Und hier taucht nun in der Tat eine beträchtliche Schwierigkeit auf: Wird der Rationalismus in der Weise verstanden, daß er ausschließlich solche Ideen bzw. Theorien akzeptiert, die sich durch Erfahrung oder durch Argumente begründen lassen, so kann er dem Selbstwiderspruch nicht entgehen. Denn diese Grundposition selbst ist ja weder durch Argumente noch durch Erfahrung zu rechtfertigen, da sie dazu bereits vorausgesetzt werden müßte. Folglich ist diese Auffassung, die Popper einen "unkritischen Rationalismus" nennt[26], logisch unhaltbar. Diese Kritik ist von großer Bedeutung: da offensichtlich jede erdenkliche Art von Argumentation von gewissen Annahmen ausgehen muß, können sich unmöglich ihrerseits alle Annahmen auf eine Argumentation stützen. Damit ist die Inkonsistenz der Forderung nach voraussetzungsfreiem Denken, welches ohne zureichende Gründe ansetzt, nachgewiesen. Welche Folgerungen ergeben sich daraus für eine rationalistische Position, die dieser Kritik gerecht werden will? Die rationalistische Einstellung, so folgert Popper, ist selbst - will sie die Klippe, die dem "unkritischen Rationalismus" zum Verhängnis wurde, umschiffen - nicht begründbar. Zwar spielen zweifelsohne für den

Rationalismus Argumente und Erfahrung eine wichtige Rolle, doch reichen beide zu dessen Begründung nicht hin. Niemals wird es uns gelingen, eine Person, die nichts von Argumenten wissen will, mit Argumenten dazu zu bewegen, Argumente anzuerkennen.

An dieser Stelle setzt H. Albert mit seinem "Münchhausen-Trilemma" an, mit dem er den Zusammenbruch des Begründungsdenkens, das sich die Suche nach sicheren Grundlagen, nach dem archimedischen Punkt der Erkenntnis, zum Ziel gesetzt hat, zeigen will. Im Verfolg dieses Zieles, das sich nach dem Satz vom zureichenden Grunde orientiert, gerät man, so argumentiert er, in eine Situation, in der man offensichtlich nur die Wahl hat zwischen:
"1. einem infiniten Regreß, der durch die Notwendigkeit gegeben scheint, in der Suche nach Gründen immer weiter zurückzugehen, der aber praktisch nicht durchzuführen ist und daher keine sichere Grundlage liefert;
2. einem logischen Zirkel in der Deduktion, der dadurch entseht, daß man im Begründungsverfahren auf Aussagen zurückgreift, die vorher schon als begründungsbedürftig aufgetreten waren, und der, weil logisch fehlerhaft, ebenfalls zu keiner sicheren Grundlage führt; und schließlich:
3. einem Abbruch des Verfahrens an einem bestimmten Punkt, der zwar prinzipiell durchführbar erscheint, aber eine willkürliche Suspendierung des Prinzips der zureichenden Begründung involvieren würde."[27]
Ebenfalls an dieser Stelle macht Bartley seine Überlegungen, die ihn zur Konzeption des "Pankritischen Rationalismus" führen, fest: Aus der von Popper angestellten Reflexion meint er die Berechtignug ableiten zu können, den Begründungsgedanken von dem des Rationalismus völlig abzutrennen - doch davon wird noch die Rede sein[28].

Für den vorliegenden Zusammenhang ist Poppers

Zielsetzung eine andere. Er versucht in diesem 14. Kapitel seiner "Offenen Gesellschaft" die Möglichkeiten für eine rationalistische Position auszuloten, die nicht mit ihren eigenen Anforderungen in Kollision gerät. Dabei sollte man sich an den letzten der oben angeführten Aspekte des Rationalitätsbegriffes (Appell zur Bescheidenheit) erinnern, dessen Bedeutung nun erst deutlich wird: Da ein umfassender Rationalismus, der "unkritische Rationalismus", an seinen eigenen Anforderungen scheitert, sind für eine konsistente rationale Position diese Anforderungen entsprechend zu reduzieren, so daß der diskutierte Widerspruch nicht mehr auftreten kann - die Forderung nach ihrer eigenen Begründbarkeit ist aufzugeben. Folglich muß man zuerst die rationalistische Einstellung annehmen und *dann erst* kann man Argumente und Erfahrung gelten lassen.

Und so heißt es denn auch an der für diesen Zusammenhang zentralen Stelle des Popperschen Buches: "Aber das bedeutet, daß ein Mensch, der die rationalistische Einstellung annimmt, so handelt, weil er, ohne rationale Überlegung, einen Vorschlag, einen Entschluß, einen Glauben oder ein Verhalten akzeptiert hat, das daher seinerseits irrational genannt werden muß. Was immer es auch sein mag - wir können es einen irrationalen Glauben an die Vernunft nennen. Der Rationalismus ist mit Notwendigkeit weit davon entfernt, umfassend oder selbstgenügsam zu sein."[29]

So weit, so gut: die Analyse der Möglichkeiten für einen Rationalismus - gemeint ist wieder der Poppersche Begriff - führen zu diesem Punkt, wo unsere Rationalität an ihre Grenze stößt. Doch was heißt dies für die Auseinandersetzung zwischen Rationalismus und Irrationalismus, an der Popper doch so viel gelegen ist? Folgt hierfür dann nicht die Willkürlichkeit der Entscheidung zwischen beiden Positionen? Warum also sollte man nicht ebenso in der Lage sein, den Irrationalismus zu akzeptieren? Rationale Gründe zugunsten des Rationalismus kann es doch offensichtlich nicht geben, denn dazu würde der Rationalismus ja bereits vorausgesetzt. Wie soll man dann noch der Willkür, dem subjektiven Geschmack eine Grenze setzen?

Hier nun stößt man auf den Primat der praktischen Vernunft, den auch Popper anzuerkennen sich gezwungen sieht. So schreibt er: "Die Wahl, vor der wir stehen, ist nicht einfach eine intellektuelle Angelegenheit oder eine Geschmacksfrage. Sie ist eine moralische Entscheidunmg ... Denn die Frage, ob wir eine mehr oder weniger radikale Form des Irrationalismus akzeptieren oder ob wir jenes minimale Zugeständnis an den Irrationalismus akzeptieren, das ich den "kritischen Rationalismus" genannt habe, diese Frage wird unsere ganze Einstellung zu anderen Menschen und zu den Problemen des sozialen Lebens zutiefst beeinflussen."[30] Eine Analyse der Konsequenzen dieser Wahl soll hier weiterhelfen. Zwar gibt Popper zu, daß diese Argumente unsere fundamentale moralische Entscheidung nicht determinieren können. Aber daraus, so betont er, folge nicht, daß diese Argumente uns bei unserer Wahl nicht "behilflich" sein könnten[31].

Die negativen Konsequenzen des Irrationalismus[32] liegen für Popper auf der Hand: Geht man davon aus, daß nicht die Vernunft, sondern Gefühle und Leidenschaften der Hauptantrieb für menschliche Handlungen sind, so kann man dies durchaus zum Beispiel mit dem Glauben an die Brüderlichkeit der Menschen kombinieren, aber auch - und dies ist für Popper entscheidend - mit dem Glauben an die Existenz einer auserwählten Rasse. Ein Irrationalist könnte es kaum vermeiden, auf eine Haltung festgelegt zu werden, welche der Anerkennung der Gleichberechtigung aller Menschen zuwiderläuft, denn unmöglich können unsere Gefühle allen Menschen gegenüber gleich sein: die "Einteilung der Menschheit in Freund und Feind ist eine höchst klare gefühlsmäßige Einteilung."[33] Damit liefert der Rekurs auf das Gefühl als die letztlich entscheidende

Instanz eine Einteilung in ungleiche Klassen. Und auch denjenigen, die solch hehren Gefühle wie beispielsweise die Liebe auf ihre Fahnen geschrieben haben, lastet Popper diese negativen Konsequenzen ihrer Grundvoraussetzung an: "Aber ich behaupte, daß die Lehre, daß nicht die Vernunft, sondern die Liebe herrschen solle, denen Tür und Tor öffnet, die durch Haß regieren."[34] Denn auch die Liebe als solche fördert ja nicht gerade die Unparteilichkeit.

Poppers kritischer Rationalismus kann mit einer ganzen Reihe positiver Konsequenzen aufwarten: sein Fallibilismus ist verbunden mit dem Eingeständnis, daß ein jeder sich prinzipiell irren kann, und zusammen mit dem Kritizismus ergibt sich daraus die Idee, daß man durch gegenseitige Kritik der Wahrheit auf die Spur kommen kann, was natürlich notwendig das Akzeptieren des andern als gleichberechtigt voraussetzt. Hiermit ist die Anerkennung der Forderung nach Toleranz verbunden.

Damit interpersonelle Kritik funktionieren kann, ist sie durch die Einrichtung sozialer Institutionen, die die Freiheit der Kritik, die Freiheit des Denkens und damit die Freiheit des Menschen schützen sollen, zu stützen. Daher sieht Popper den Rationalimsus mit einer humanitären Einstellung auf das engste verbunden.

Auf diese Weise, meint Popper, sei seine "moralische Entscheidung" für den Rationalismus, "... die Entscheidung, sich an die Vernunft zu binden"[35], durch die Analyse der Konsequenzen beider Positionen hinreichend gestützt.

3.2.3. EIN ERSTES ERGEBNIS

Was ist nun durch diese Überlegung für das Grundlagenproblem gewonnen? Wie ist der Zusammenhang zu dem Gedankengang des vorigen Kapitels herzustellen?

Nun, die Untersuchungen zu Poppers Reflexion über die Methodologie waren bis zu diesem Punkt gelangt, an dem der Konflikt zwischen den konkurrierenden Methodologien des Konventionalismus und der Poppers letzten Endes durch eine Entscheidung gelöst werden mußte - die Frage nach der Willkürlichkeit dieser Entscheidung blieb dort noch offen. Jetzt, nach Poppers Überlegungen in der "Offenen Gesellschaft", sieht man, daß sich die Entscheidung für den kritischen Rationalismus, die sich im letzten Kapitel noch auf die Entscheidung zwischen verschiedenen Methodologien zuzuspitzen drohte, bereits auf einer früheren Stufe gefällt werden muß: Seine methodologischen Überlegungen sind eingebettet in ein Programm, eine rationalistische Konzeption, die weit mehr als nur die Realwissenschaften zu umfassen beansprucht. Denn zum einen finden die für die Wissenschaften relevanten sozialen Aspekte - so die Forderung nach sozialen Institutionen zur Sicherung der intersubjektiven Kritik, die die Objektivität der Wissenschaften garantieren soll[36] - Berücksichtigung; eine Methodologie wäre dazu außerstande. Der zweite Punkt allerdings ist der entscheidende: Poppers gesamte Überlegungen zur Wissenschaftstheorie und Methodologie, wie sie in den beiden ersten Kapiteln behandelt wurden, sind "fundiert" in einer ethischen Basis. *Die Konsistenz der Popperschen Philosophie gründet auf dem Primat der praktischen Vernunft*. Daher schreibt er: "Aber obgleich es keine rationale, wissenschaftliche Basis für die Ethik gibt, gibt es doch eine ethische Basis der Wissenschaft und des Rationalismus."[37] Im Bereich der Ethik fällt die Entscheidung für Poppers kritischen Rationalismus, die auf einem "irrationalen Glauben" an die vernünftige Haltung basiert[38]. Und Popper betont ausdrücklich, daß hier seine Position ihre Grenzen habe: "I do not see that we can go beyond this."[39] Dazu steht er auch später noch[40].

Dieser Gedankengang ergibt natürlich nur einen

Sinn unter der Voraussetzung des "kritischen Dualismus" von Werten und Tatsachen: könnten die ersten aus den letzten abgeleitet werden, so wäre es geradezu falsch, vom Primat der praktischen Vernunft zu reden, wie Popper dies tut[41]. Denn die Tatsachen wären dann selbstverständlich als "Deduktionsgrundlagen" solcherart Voraussetzungen der Werte, daß sie Entscheidungen für diese völlig determinierten. Die Ethik wäre dann ein Zweig der Naturwissenschaften. *Die Autonomie des Ethischen, wie sie sich aus dem Dualismus von Werten und Tatsachen ergibt, ist somit eine notwendige Bedingung für Poppers Gedankengang.*

Dieser Lösungsversuch Poppers zum Grundlagenproblem hat eine rege Diskussion unter Anhängern wie Gegnern provoziert. Dem wollen wir uns im Folgenden zuwenden. Zuvor soll allerdings noch - freilich in der gebotenen Kürze - Poppers weitere Entwicklung Erwähnung finden, denn diese läuft großenteils neben der besagten Diskussion einher.

3.3. DIE ENTWICKLUNG NACH DER "OFFENEN GESELLSCHAFT" - EIN KURZER ÜBERBLICK

Zu Beginn des Jahres 1946 siedelte Popper nach England über und nahm seine Tätigkeit an der London School of Economics auf, wo er im Jahr 1949 Professor für Logik und wissenschaftliche Methode wurde. Er begann sich nun wieder Fragen der Wissenschaftstheorie und Methodologie zuzuwenden. Ihren Niederschlag fanden diese Gedanken in dem Postscript zur "Logik der Forschung", das - bereits 1956 beendet - allerdings erst kürzlich veröffentlicht wurde[1], ferner im Addendum des zweiten Bandes der vierten englischen Ausgabe seiner "Open Society"[2] und in dem Aufsatzband "Conjectures and Refutations". Folgende Punkte verdienen dabei besondere Beachtung, weil sie der Popperschen Philosophie neue Aspekte hinzufügen:

1. Das Rechtfertigungsdenken, insbesondere jegliche induktivistische Argumentation, ist nach Popper aufzugeben und durch einen fallibilistischen Kritizismus zu ersetzen. Mit der Erweiterung seines Abgrenzungskriteriums von der Falsifizierbarkeit zur Kritisierbarkeit wird dadurch, wie in Kapitel 3.1. bereits angedeutet, eine Ausdehnung der Popperschen Methode auch auf metaphysische Theorien möglich, denn diese erweisen sich als rational kritisierbar[3].
2. Tarskis Theorie der Wahrheit hat für Popper weitreichende philosophische Konsequenzen: (a) die Korrespondenztheorie der Wahrheit ist rehabilitiert; (b) ein allgemeines Wahrheitskriterium kann es nicht geben. Daraus ergibt sich für Popper die Idee der "Annährung an die Wahrheit" (verisimilitude)[4] und damit die Idee der "objektiven Wahrheit" als einer regulativen Idee[5].

In seinem erstmals 1972 erschienen Werk "Objektive Erkenntnis" begegnet man abermals neuen Gedanken, die dann auch Poppers jüngste Publikationen weitgehend beherrschen: zum einen seine "Ontologie" in Gestalt seiner 3-Welten-Lehre. Dabei wird der alte Leib-Seele-Dualismus zu einem "Trialismus" erweitert. Neben der Welt der physikalischen Objekte (Welt 1) und der der seelischen Zustände (Welt 2), gibt es nach Popper noch eine Welt 3, in welcher unsere Theorien, die, sobald sprachlich formuliert, objektiv kritisierbar sind, ihren Platz haben. Dabei spielt auch der Indeterminismus eine wichtige Rolle - er garaniert die "Nichtabgeschlossenheit" der Welt 1[6]. Und zum andern deutet Popper die Methode von Versuch und Irrtum im Sinne der Darwinschen Evolutionstheorie aus ("evolutionre Erkenntnistheorie"): wir gehen von Problemen aus, zu deren Lösung wir Theorien entwickeln, die wir im Laufe der Zeit durch Fehlerbeseitigung immer besser der Wirklichkeit anpassen[7].

Das Grundlagenproblem, dem die vorliegende Arbeit gewidmet ist, wird von Popper selbst nicht mehr weiterbehandelt - lediglich der Dualismus von Werten und Tatsachen wird noch mehrmals erwähnt; seine Geltung wird dabei imme betont[8]. Dieser Aufgabe nehmen sich aber sowohl Poppers Schüler, wie auch seine Kritiker an.

3.4. BARTLEYS PANKRITISCHER RATIONALISMUS - EINE KRITIK AN POPPER?

Bevor der Frage nach der Schlüssigkeit und Fruchtbarkeit der Popperschen Gedanken zum Grundlagenproblem nachgegangen werden kann, soll dem Lösungsversuch eines seiner Schüler, W.W. Bartley, einige Aufmerksamkeit gewidmet werden. Denn eine Reihe von Indizien belegen, daß Popper selbst, zumindest zeitweise, diesen sogenannten "pankritischen Rationalismus" vertreten hat[1]. Allerdings faßte Bartley seine Theorie der Rationalität meist als Kritik an Popper auf[2].

3.4.1. BARTLEYS THEORIE DER RATIONALITÄT

Was aber ist nun Bartleys Theorie und in welcher Weise geht sie über Poppers Ansatz hinaus?

Eines der fundamentalen Probleme der Philosophie sei, so Bartley, das Problem der Rationalität. Dieses hänge eng mit dem der Grenzen der Rationalität zusammen: Die in der Philosophiegeschichte bisher diskutierten Theorien zu diesem Gegenstand könnten ihre eigene Rationalität nicht erklären und führten so zwangsläufig zu dem Schluß, die Rationalität müsse notwendig - und zwar im logischen Sinne - begrenzt sein. Dieser Gedankengang gipfelt in der Behauptung: "Vom rationalen Standpunkt aus ist die Wahl zwischen konkurrierenden Glaubensrichtungen, Auffassungen, Lebensweisen wissenschaftlicher, mathematischer, moralischer, religiöser, metaphysischer, politischer oder anderer Art willkürlich."[3] Kernpnkt hierfür ist, was Bartley das "*tu-quoque-Argument*" nennt: Verlangt man für jede aufgestellte Behauptung eine rationale Begründung, so gelangt diese Diskussion zwangsläufig irgendwann zu gewissen Anschauungen, die ihrerseits nicht mehr begründet werden können, sondern einfach - "irrational" - akzeptiert werden müssen, um einen infiniten Regreß zu vermeiden (man erinnere sich an Alberts "Münchhausen-Trilemma"). Eine rationale Rechtfertigung dieser Endpunkte der Diskussion ist unmöglich, sie erfordern ein "irrationales Engagement". Die Konsequenz ist ein Relativismus, der in der oben angeführten Behauptung seinen Niederschlag gefunden hat[4]. Dies hat weitreichende Konsequenzen: Da offensichtlich niemand letzten Endes ein solches irrationales Engagement vermeiden kann, kann auch niemand deswegen rational kritisiert werden, daß er ein solches Engagement eingegangen ist. Damit aber, so Bartley, verfüge der Irrationalist über eine "Entschuldigung" für seinen Irrationalismus, gegen die der Rationalist machtlos sei[5]. Jener ist mithin gegen Kritik immun, denn er kann dem Kritiker das "tu-quoque-Argument" entgegenhalten. Das eigene Engagement wird also nur unter Preisgabe einer jeden Kritik an andern Engagements unangreifbar[6].

Mit diesem "intellektuellen Mißstand" will Bartley aufräumen. Nicht die Begrenztheit der menschlichen Vernunft, sondern der erbärmliche Zustand der philosophischen Deutungen der Vernunft trage die Schuld an dieser Misere[7]. Bartley vertritt die Auffassung, es gäbe keinetheoretische Begrenzung der Vernunft. Die Mängel der bisherigen Theorien der Rationalität resultieren nach ihm hauptsächlich aus einer Fehlerquelle: der Vermengung von Rechtfertigung und Kritik - diese sei immer mit jener als notwendig verbunden angesehen worden. Die Auflehnung der neuzeitlichen Philosophie gegen Autoritäten der Erkenntnis - wie zum Beispiel Kirche, Gott - sei immer gekoppelt gewesen mit der Ersetzung dieser Autoritäten durch andere (so beispielsweise beim Empirismus durch die der Sinne, beim Rationalismus durch die der Vernunft), die wiederum zur Rechtfertigung der Kritik herhalten mußten.

Aber letztlich hätten all diese Autoritäten im Bereich der Erkenntnistheorie versagt[8]. Die Lösung des ganzen Problems sieht Bartley folglich in der *Trennung des Begriffes der Kritik von dem der Rechtfertigung*; die Suche nach Rechtfertigung müsse ersetzt werden durch die Suche nach Kritik, rationales Denken müsse *rechtfertigungsfreies Denken* sein[9].

Diesen neuen Standpunkt, den er "*pankritischen Rationalismus*" nennt, beschreibt Bartley wie folgt: "Das neue Konzept einer rationalistischen Identität, an das ich denke, ist in der nichtrechtfertigenden Methode schon enthalten. Innerhalb dieses neuen Rahmens kann die rationalistische Identität so beschrieben werden, daß alle Anschauungen, einschließlich der Normen und des grundlegenden philosophischen Standpunktes selbst, der Kritik ausgesetzt werden, daß niemand durch irrationale Rechtfertigung etwas der Kritik entzieht."[10] Den pankritischen Rationalismus hält er für unbegrenzt; die rationalistische Einstellung sei der Kritik nicht entzogen - auch das kritische Argumentieren könne seinerseits kritisiert werden: Wie die Demokratie sich selber, auf demokratischem Wege, abschaffen könne, so könne auch der pankritische Rationalist sich davon überzeugen lassen, daß seine Position falsch sei. Damit ist nach Bartley das "tu-quoque-Argument" hinfällig geworden und somit eine Theorie eines unbegrenzten Rationalismus aufgestellt[11].

Zwei Erläuterungen fügt Bartley seinen Ausführugnen noch hinzu. Zunächst einmal muß natürlich jede Kritik an irgendeiner Position gewisse Voraussetzungen machen, die im Verfolg der Kritik als erwiesen angesehen werden. Dies bedeute aber keinesfalls, daß sie zu keinem andern Zeitpunkt einer Kritik unterworfen werden dürften: Auch diese Voraussetzungen sind natürlich prinzipiell kritisierbar[12].

Diese Erläuterung Bartleys erinnert an Poppers Behandlung des Basisproblems: Auch dort werden, als "Hintergrundwissen", andere Sätze benötigt, die aber ihrerseits zu einem anderen Zeitpunkt einer Prüfung unterworfen werden können.

Der zweite Punkt dürfte noch interessanter sein. Er betrifft die Logik: Sie sei, so Bartley, *nicht* Teil derjenigen Auffassungen, die der Kritik unterworfen sind, da zu jeder Kritik die Logik eine notwendige Voraussetzung darstelle. Impliziert dies nun nicht ein vorbehaltloses Engagement für die Logik? Bartley meint, daß dem nicht so sei. Denn die kritische Erörterung ist mit der Logik untrennbar verbunden. Solange wir also kritisieren und argumentieren setzen wir die Logik voraus. Geben wir diese Tätigkeit auf, so dürfen wir uns auch über die logik hinwegsetzen. Diese ist somit eine absolute Voraussetzung unseres Denkens, "... insoferne wir über Welt reden. Kein Mensch braucht über Welt zu reden, und also braucht er, als menschliches Wesen, sich auch nicht an die Logik zu binden; es sei denn allein, er redet über Welt."[13]

3.4.2. BARTLEYS KRITIK AN POPPER

Es bleibt nun noch die Frage zu klären, inwieweit Bartleys Konzeption des "pankritischen Rationalismus" über Popper hinausgeht, ja, ob sie als Kritik an Popper anzusehen ist. Meine These lautet: in dieser, eben vorgetragenen, umfassenden Form ist Bartleys Theorie mit Poppers Lösung des Grundlagenproblems *unvereinbar*.

Bartley hat seinen pankritischen Rationalismus ursprünglich als Ausarbeitung der Popperschen Gedanken verstanden[14]. Er kam aber im Laufe der Zeit dazu, seine Theorie als Kritik an Popper aufzufassen[15]. Zunächst ging Bartley dessen Abgrenzungskriterium an: Seine eigene Lösung des Problems der Rationalität lege die Kritisierbarkeit als Abgrenzungsproblem nahe. Daher weist er

Poppers Kriterium der Falsifizierbarkeit ausdrücklich zurück: "I suggest to Popper that the problem lies not in the demarcation of the scientific from the nonscientific, but in the demarcation of the rational from the irrational, the critical from the uncritical."[16]

In seinem Aufsatz "Wissenschaft und Glaube" kritisiert Bartley dann Poppers Ausführungen zum Grundlagenproblem: Zwar sei Poppers Standpunkt "ehrlicher" als der anderer, da er den "fideistischen" Charakter offen zugebe. Aber: "Auch Poppers Theorie der Rationalität ist als Theorie völlig unzureichend - wenn es nämlich das Ziel einer adäquaten Theorie der Rationalität ist, dem Fideismus und dem Skeptizismus zu entgehen."[17] Bartley wirft also Popper vor, seine Theorie entginge nicht dem "tu-quoque-Argument", was dann einen fundamentalen Relativismus nach sich zöge. Tendenzen in neueren Schriften aus der Popperschule (insbesondere Albert und Spinner), den kritischen Rationalismus als pankritischen zu interpretieren, hält Bartley für verfehlt - das Ergebnis sei keine konsistente Theorie, sondern ein "Mischmasch"[18].

Damit dürfte Bartley selbst meine oben angeführte These hinreichend gestützt haben. Trotzdem wird von einigen Anhängern des kritischen Rationalismus, beispielsweise von Albert, der pankritische Rationalismus als integraler Bestandteil der Philosophie des kritischen Rationalismus angesehen[19]. Die Diskrepanz zur Popperschen Auffassung dürfte nun aber klar sein.

Zu Bartleys Kritik ist folgendes anzumerken:

1. Seine Kritik am Abgrenzungskriterium ist unberechtigt. Wie schon mehrmals erwähnt, hat Popper die Erweiterung des Kennzeichens der Falsifizierbarkeit zu dem der Kritisierbarkeit unabhängig von Bartley entwickelt und auch einige Zeit vor dessen ersten Veröffentlichungen publiziert. Darauf hat bereits A. Musgrave in seiner Antwort an Bartley hingewiesen[20].
2. Bartleys kritische Anmerkungen zu Poppers

Theorie der Rationalität treffen insoferne zu, als sie die Unvereinbarkeit beider Standpunkte herausstreichen: Poppers "irrationaler Glaube an die Vernunft", der auf einer moralischen Entscheidung basiert, läßt sich in der Tat nicht mit Bartleys Gedanken des pankritischen Rationalismus, der selbstverständlich auch, weil unbegrenzt, auf dem Gebiet der Ethik Anwendung finden soll, verbinden. Verkürzt formuliert: ist Bartleys Theorie wahr, so ist die Poppers falsch. Ich werde nun zu zeigen versuchen, daß der Vordersatz dieser Implikation nicht aufrecht erhalten werden kann. Daraus folgt selbstverständlich noch nicht die Richtigkeit der Popperschen Position.

3.4.3. KRITIK AN BARTLEY

Nach Bartleys Theorie ist derjenige rational, der all seine Positionen der Kritik offenhält. Rationalität liegt somit einzig in der Kritik begründet - nichts soll von der Kritik ausgenommen werden.

Wie nicht anders zu erwarten, löste die Konzeption des pankritischen Rationalismus eine rege Diskussion aus. Die wohl scharfsinnigste und treffendste Kritik, die man durchaus als vorbildlich für eine rationale Diskussion bezeichnen kann, kam dabei von Poppers Schüler und Nachfolger an der London School of Economics, *J.W.N. Watkins*; zu finden ist sie in zwei Aufsätzen, die beide in der Zeitschrift "Philosophy" veröffentlicht wurden[21]. Dabei sei audrücklich darauf hingewiesen, daß Watkins ausschließlich Bartleys pankritischen Rationalismus kritisiert und damit keine Kritik an Popper verbindet. Die Unabhägigkeit und Unvereinbarkeit der beiden Standpunkte dürfte auf diese Weise noch einmal deutlich hervortreten.

Im Folgenden werde ich die These vertreten, *daß Bartleys pankritischer Rationalismus unhaltbar ist*. Drei Argumente will ich dafür ins Feld führen; die ersten beiden stammen von Watkins:

1. Zunächst ein Argument, das die Praxis im Auge hat. Für keinen Menschen ist es jederzeit möglich, all seine Positionen der Kritik offenzuhalten - so beispielsweise meine Meinung, älter als zehn Jahre zu sein. Dies ist eine psychologische Unmöglichkeit. Den radikalen Konsequenzen von Bartleys Theorie der Rationalität kann niemand vollends genügen[22].

2. Bartley behauptet von seiner Position, daß sie selbst der Kritik unterliege; nur auf diese Weise kann er das "tu-quoque-Argument" vermeiden. Nehmen wir nun einmal an, ei Opponent hätte eine Argumentation aufgestellt, die als Resultat die Falschheit von Bartleys pankritischem Rationalismus behauptet. Was wäre dann diese Argumentation anderes als eine Kritik an Bartleys Position? Damit aber hätte unser Opponent den pankritischen Rationalismus bestätigt, denn er hätte dessen Kritisierbarkeit nachgewiesen[23].
Genauer: der pankritische Rationalismus behauptet:

(a) Alle Sätze, die als "rational" gelten, sind kritisierbar.

(b) (a) ist rational.

Damit aber ergibt sich:

(c) (a) ist kritisierbar.

Nehmen wir nun einmal an, (c) sei widerlegt. Dann müßte entweder (a) oder (b) falsch sein. Untersuchen wir zunächst den Fall, (b) sei falsch: wäre es falsch, daß (a) rational ist, dann könnte man angeben, weshalb dies nicht so ist. Das wäre aber offensichtlich eine Kritik an (a), und daher wäre (c) richtig. Folglich müßte die Widerlegung von (c) auf der Falschheit von (a) beruhen. Wäre nun aber die Falschheit von (a) nachgewiesen, so wäre dieser Nachweis wiederum eine Kritik an (a), und daher wäre (c) richtig. Damit ist also eine Widerlegung von (c) gleichzeitig ein Beweis von (c)[24]. Kurz gesagt: es ist unmöglich, Kritisierbarkeit zu kritisieren. Der pankritische Rationalismus wird durch Selbstanwendung zum Dogma.

3. Nehmen wir trotz 2. einmal an, die Selbstanwendung des pankritischen Rationalismus sei problemlos durchführbar, also er selbst kritisierbar. Eine solche Kritik "von außen" (eine Kritik "von innen" wäre von vornherein sinnlos, da sie das Kritisierte mit dem pankritischen Rationalismus bereits voraussetzte) wäre dann, wegen der Gleichsetzung von Rationalität und Kritisierbarkeit, notwendig eine irrationale. Trotzdem müßte sie als Kritik erkannt werden, um sie von solchen Sätzen unterscheiden zu können, die den pankritischen Rationalismus nicht kritisieren. Dies kann zweifelsohne nur auf rationalem Wege geschehen. Diese Rationalität aber muß dann über den pankritischen Rationalismus hinausreichen, denn sie soll über Sätze urteilen, die "außerhalb" desselben stehen. Folglich müßte Bartleys pankritischer Rationalismus in eine umfassendere Rationalität eingebettet sein, was aber mit seinem Anspruch offenkundig im Widerspruch steht[25].

Diese drei Punkte sollen genügen, die Zweifel an der Durchführbarkeit des pankritischen Rationalismus zum Ausdruck zu bringen[26]. Was bleibt? Es kann festgehalten werden, daß die Gleichsetzung von Rationalität mit Kritisierbarkeit zum einen *über Popper hinausgeht* und mit seiner Theorie nicht vereinbar ist, und zum andern - darauf hat H. Spinner eindringlich hingewiesen[27] - in eine Sackgasse in Gestalt eines neuen Dogmatismus führt.

3.5. ZUR BEURTEILUNG POPPERS

3.5.1. EINE ERSTE REFLEXION ÜBER POPPERS LÖSUNG

Was nun ist, so bleibt zu fragen, von Poppers Lösung des Grundlagenproblems zu halten? Und welche Konsequenzen impliziert sie?

Zunächst kann man festhalten: aus Poppers Überlegungen ergibt sich eine *ethische Basis der Wissenschaft* dergestalt, daß eine moralische Entscheidung, nämlich diejenige zwischen Rationalismus und Irrationalismus[1], eine notwendige Voraussetzung für das Funktionieren der Wissenschaft bildet[2].

Wie oben bereits erwähnt, resultiert diese Anerkennung des Primates der praktischen Vernunft auch aus der Anerkennung des Dualismus von Werten und Tatsachen, der allein erst die Autonomie der Ethik garantiert.

Daraus ergibt sich nun eine Konsequenz, die meines Erachtens bisher nur unzureichende Beachtung gefunden hat: *der kritische Rationalismus hat seine "Grenzen im Ethischen"*[3]. Hinter die erwähnte letzte moralische Entscheidung kann er nicht zurückgehen, vor allem: er kann sie nicht begründen. Poppers Philosophie geht also von bestimmten Werten aus, die selbst nicht Bestandteil des kritischen Rationalismus sind, sondern dessen Voraussetzung!

Allerdings ist bei der Verwendung des Begriffes *Wert* hier Vorsicht geboten: der Gebrauch dieses Wortes in der Popperschule verdeckt, daß darunter zweierlei zu verstehen ist: einmal gibt es Werte, *über die man diskutieren kann*, und zum andern gibt es *solche, bei denen dies unmöglich ist, da sie einer kritischen Diskussion als notwendige Bedingungen vorausliegen*[4]. Um Sprachverwirrungen auszuschließen werde ich die Werte der erstgenannten Art, also die "diskutierbaren", mit *Werte*$_2$ bezeichnen, die letzteren mit *Werte*$_1$[5].

Die "wissenschaftlichen Werte", von denen Popper an manchen Stellen seines Werkes spricht - er versteht darunter Werte wie "Wahrheit", "Fruchtbarkeit" usw.[6] - gehören zweifelsohne zu dem Bereich der $Werte_2$, denn diese werden im Rahmen des kritischen Rationalismus eifrig diskutiert[7].

Auch unser Problem des vorigen Kapitels - dasjenige nämlich, ob denn die Entscheidung für die Methodologie des kritischen Rationalismus und gegen die des Konventionalismus eine willkürliche sei - können wir nun einfach lösen: es handelt sich dabei um eine Entscheidung für einen $Wert_2$; die Methodologie ist, wie bereits weiter oben festgestellt, eingebettet in die umfassendere Konzeption des kritischen Rationalismus. Folglich kann sich diese Entscheidung auf eine kritische Diskussion stützen und ist damit der Willkür entzogen[8].

Anders verhält es sich nun mit der Entscheidung zwischen Rationalismus und Irrationalismus. Diese beiden gehören als Werte zweifelsohne zu dem Bereich der $Werte_1$: wollte man nämlich über diese Entscheidung diskutieren, so müßte man dazu bereits Rationalität voraussetzen. Daher gilt, klar festzuhalten: *wenn Popper meint, mit Argumenten, nämlich der Analyse der Konsequenzen, die Wahl zwar nicht determiieren, aber dabei doch behilflich sein zu können, so ist dies nicht richtig.* Wir können dabei Popper gegen Popper ins Feld führen: man kann, so Popper, niemanden mit Hilfe von Argumenten zwingen, Argumente anzuerkennen[9]; man kann folglich auch niemanden mit Argumenten "behilflich" sein, der Argumente nicht anerkennen will. Das heißt aber: *erst nach der Entscheidung für den Rationalismus kann man diesen durch Argumente stützen* (schon der Begriff der "Konsequenz" impliziert doch Rationalität!). Poppers Vorgehen ist argumentativ - er ist ja auch Rationalist!

Damit wird auch klar, daß diese Entscheidung für den Rationalismus von Poppers Fallibilismus ausgenommen sein muß: denn erst auf der Grundlage eines Rationalismus läßt sich der Fallibilismus vertreten; dieser hat jenen zur Voraussetzung. Damit wäre auch das Problem der Fallibilität des Fallibilismus geklärt: der Fallibilismus unterliegt dieser Einschränkung.

Außerdem dürfte aufgefallen sein, daß Popper, nachdem er die Entscheidung für den Rationalismus als grundlegend dargetan hatte, nun statt allgemein von "Rationalismus" zu sprechen, nur noch den Terminus "kritischer Rationalismus" verwendet, gerade so, als ob die besagte grundlegende Entscheidung nicht zwischen Rationalismus und Irrationalismus, sondern zwischen kritischem Rationalismus und Irrationalismus zu treffen sei. Er geht also implizit von der Voraussetzung aus, daß es neben der Konzeption des kritischen Rationalismus keine stringente Rationalitätskonzeption gäbe, die als Gegenposition dem Irrationalismus entgegengestellt werden könnte. Diese Behauptung hat er allerdings nicht durch Argumente gestützt; sie hätte aber - da sie sich ausschließlich im Bereich des Rationalismus abspielt - Argumente nötig. Damit folgt allerdings keineswegs, daß sie falsch ist. Doch bleibt es Aufgabe des kritischen Rationalismus, jeder alternativen Theorie der Rationalität nachzuweisen, daß irgendwo ein Fehler steckt. Die grundsätzliche Entscheidung zum Rationalismus bleibt davon freilich unberührt.

3.5.2. POPPERS KRITIKER

Nun zu den Kritikern an Poppers Lösung des Grundlagenproblems. Im wesentlichen sind hier drei Gruppen zu unterscheiden:

1. Die Kritik von seiten der Frankfurter Schule, die im Rahmen des - unglücklicherweise so genannten - "Positivismusstreites"[10] (denn

wer wäre denn da zu Recht als Positivist zu bezeichnen?) geäußert wurde. Sie stammt in der Hauptsache aus der Feder von J. Habermas.

2. Die Kritik der sogenannten "Transzendentalen Sprachpragmatik". Hier ist natürlich in erster Linie K.O. Apel zu nennen, dessen Kritik zwar vorrangig auf H. Albert gemünzt war, aber dennoch wohl für den ganzen kritischen Rationalismus gelten sollte.

3. Eine Kritik die, obzwar nicht so bekannt, doch gleichwohl die meines Erachtens im Kern treffendste ist, weil ihr ein feines Gespür für die grundlegenden, systemimmanenten Probleme der Popperschen Philosophie vorausgeht (was die beiden erstgenannten Kritiken leider so manches Mal vermissen lassen): sie stammt von E. Ströker.

Während auf die Kritik der beiden ersten Positionen H. Albert antwortete und den kritischen Rationalismus verteidigte[11], so ist mir keine Antwort aus dem Lager des kritischen Rationalismus auf Strökers Ausführungen bekannt. Aber gerade diese Kritik wird zu interessanten Einsichten über Poppers Problem des Rationalismus führen. Doch gehen wir der Reihe nach vor.

3.5.2.1. DIE KRITIK VON HABERMAS

Hier sei vorausgeschickt, daß es nicht Aufgabe dieser Arbeit sein kann, alle Argumente des "Positivismusstreites" wieder aufzurollen; hier soll ausschließlich die Erörterung des Grundlagenproblemes zur Darstellung kommen[12].

Die Habermassche Kritik findet sich im wesentlichen in seinen beiden Aufsätzen "Analytische Wissenschaftstheorie und Dialektik" und "Gegen einen positivistisch halbierten Rationalismus"[13]. Schon aus diesen beiden Überschriften lassen sich zwei Mißverständnisse gegenüber der

Philosophie Poppers ablesen, die praktisch alle Äußerungen der Frankfurter Schule zum Thema kritischer Rationalismus durchziehen[14]: Poppers Philosophie sei eine Form des Positivismus, seine Wissenschaftstheorie gehöre der analytischen Philosophie an. Beides aber ist falsch. Der Nachweis für die Falschheit der ersten Behauptung dürfte mit dem ersten Kapitel der vorliegenden Arbeit erbracht worden sein[15]; Poppers Distanzierung von der analytischen Philosophie ist weithin bekannt[16]. Diese beiden Vorurteile waren der Diskussion im Rahmen des "Positivismusstreites" nicht gerade förderlich (womit nicht behauptet werden soll, daß derartige Vorurteile nur auf der einen Seite zu finden sind).

Aber nun zur Kritik selbst: Habermas argumentiert zunächst - wie auch Adorno[17] - gegen den Dualismus von Sein und Sollen, den er richtig als notwendige Bedingung für Poppers Lösung des Grundlagenproblems erkannte: "Der Dualismus von Tatsachen und Entscheidungen nötigt zu einer Reduktion zulässiger Erkenntnis auf strikte Erfahrungswissenschaft und damit zu einer Eliminierung von Fragen der Lebenspraxis aus dem Horizont der Wissenschaft überhaupt."[18] Deshalb müsse er in Frage gestellt werden, denn: "... einerseits konstituiert sich das an Tatsachen bewährte theoretische Wissen innerhalb eines normativen Rahmens, der nur einer kritischen, keiner deduktiv-empirischen Rechtfertigung fähig ist. Andererseits schließt die kritische Erörterung von Standards empirische Erwägungen, also den Rekurs auf sogenannte Tatsachen, gerade ein"[19]. So sei der Dualismus nicht durchzuhalten, da Popper zur Anerkennung von Basissätzen Entscheidungen benötigt[20].

Diese Ausführungen von Habermas dürften wohl an der Popperschen Auffassung vorbeilaufen[21]: wie oben bereits ausgeführt, behauptet Popper keineswegs, daß der Bereich der Werte mit dem der Tatsachen nichts gemein hätte. Ihm kommt es vielmehr darauf an, *die Irreduzibilität von Werten aus Tatsachen* herauszustellen und damit die

Autonomie der Ethik zu behaupten. Darauf ist Habermas nicht eingegangen.

Poppers Begriff von Vernunft unterliegt laut Habermas einer starken Einschränkung: Vernunft sei hier lediglich "ein Vermögen der korrekten Handhabung formallogischer und methodologischer Regeln". Daher könne er natürlich die "Relevanz des Erkennens für eine vernünftige Praxis nur noch durch den Glauben an die Vernunft proklamieren"[22]. Poppers Lösung des Gundlagenproblems sei folglich nichts anderes als ein "Glaubensbekenntnis"[23].

Nun ist es leicht, anhand der obigen Ausführungen zum Popperschen Begriff der Rationalität nachzuweisen, daß Habermas ihm hier unrecht tut: Popper konzipiert einen Rationalitätsbegriff, der weit über die Anwendung eines bestimmten Regelkanons hinausgeht[24]. Ist aber Poppers Entscheidung nichts anderes als ein Glaubensbekenntnis (man denke dabei an das "tu-quoque-Argument" Bartleys)? Hier zeigt sich nun in der Tat eine Schwierigkeit in Poppers Lösung, die erst im nächsten Kapitel ausführlich behandelt wird. An dieser Stelle nur so viel: Popper will, um dem Vorwurf eines "blinden Dezisionismus" zu entgehen, seine Entscheidung durch Argumente, nämlich die Analyse der Konsequenzen, "unterstützen". Aber allein schon die Verwendung von Argumenten, die Berücksichtigung von Konsequenzen, setzt eine Form von Rationalität voraus, für die er sich eigentlich erst entscheiden möchte. Damit ist freilich die grundlegende Dichotomie von Rationalismus und Irrationalismus nicht erschüttert - wir werden vielmehr auf einen "fundamentalen Rationalismus" verwiesen, der Poppers Argumente tragen soll. Habermas' Ausführungen zu diesem Punkt sind zu kurz, um erkennen zu können, ob er darauf hinweisen will, daß Poppers Position noch der Ergänzug durch diesen "fundamentalen Rationalismus" bedürfe.

Habermas' Kritik am Dualismus bei Popper ist also als unbegründet zurückzuweisen, seine Andeutungen zur Entscheidung zwischen Rationalismus und Irrationalismus weisen allerdings auf eine unklare Stelle bei Popper hin.

3.5.2.2. DIE KRITIK VON APEL

Apels Kritik[25] wendet sich in erster Linie gegen Poppers Einstufung seines "Glaubens an die Vernunft" als "irrational". Darin sieht Apel den "Rest eines methodischen Solipsismus"[26]. Er argumentiert wie folgt: das "Funktionieren" des kritischen Rationalismus beruhe nicht nur auf einer ethischen Entscheidung, wie Popper dies darstellt, sondern darüber hinaus setze die ethische Entscheidung die Spielregeln einer "Kommunikationsgemeinschaft" voraus, um überhaupt verständlich zu sein. Wäre dem nicht so, so wäre die in Rede stehende Entscheidung ein "vorsprachlicher Akt" und Popper könnte diesbezüglich keine "reflexive Diskussion" führen, wie er es de facto aber tut[27]. Mit Argumenten nun sei - hier stimmt Apel Popper zu - dem Irrationalisten nicht beizukommen; dieser sei aus dem "Sprachspiel der Argumentation" ausgeschieden. Man müsse folglich tatsächlic so etwas wie einen "guten Willen zum Argument" haben[28]. Nun meint Apel, Poppers "irrationaler Glaube" sei gar nicht als "irrational" zu bezeichnen, denn dieser leiste damit eine "reflexive Bestätigung und willensmäßige Bekräftigung der Regeln des Sprachspiels, das allein ihm ein Selbstverständnis in seiner Entscheidung ermöglichen kann"[29]. Folglich zeige sich, "... daß die Vernunft in sich selbst begründet ist und nur (allerdings) zu ihrer Realisierung in der Welt des menschlichen Engagements bedarf."[30] Damit aber sei die Entscheidung für den Rationalismus nicht ein irrationaler Glaubensakt, sondern die "einzig mögliche Entscheidung, die im Sinne des einmal begonnenen Sprachspiels semantisch-pragmatisch konsistent ist."[31]

Gegen Apels Gedankengang läßt sich nun einiges einwenden. Zunächst einmal sollte klargestellt werden: die "reflexive Diskussion" Poppers zum Grundlagenproblem ist die Reflexion eines Rationalisten. *Sie findet also nicht - wie Apel dies annimmt - bereits im Vorfeld der Entscheidung zum Rationalismus statt* (man erinnere sich an die Besprechung der Habermasschen Kritik). Erst *nach* der Entscheidung zugunsten des Rationalismus setzt Poppers Reflexion ein und enthüllt die Grundlagen seiner Position. Popper steht eindeutig auf seiten des Rationalismus, er macht also nicht die Spielregeln einer wie auch immer beschaffenen "Kommunikationsgemeinschaft" zur Voraussetzung seiner ethischen Entscheidung.
Nehmen wir dennoch einmal an, gewisse Regeln einer Kommunikationsgemeinschaft seien konstitutiv für die Entscheidung zum Rationalismus. Dann lägen diese Regeln - die Dichotomie zwischen Rationalismus und Irrationalismus immer vorausgesetzt - dem Rationalismus zu Grunde, wären also keinesfalls Teil desselben: nichtrationale Regeln einer vorrationalen Kommunikationsgemeinschaft - offensichtlich ein Ding der Unmöglichkeit! Anerkennt man die Dichotomie zwischen Rationalismus und Irrationalismus, indem man wie Apel darauf hinweist, daß dem Irrationalisten nicht mit Argumenten beizukommen ist, so lassen sich keine Argumente mehr angeben, die dem Rationalismus vorausliegen, auch keine wie auch immer gearteten Regeln einer Kommunikationsgemeinschaft. Poppers Analyse der Konsequenzen seiner Entscheidung als Bestätigung des rationalen Sprachspiels - die Bezeichnung spiele einmal mehr eine untergeordnete Rolle - aufzufassen, ist nahezu trivial, nimmt man zur Kenntnis, daß der Gedanke der Konsequenz notwendig an eine rationale Struktur gebunden ist. Dies, wie Apel, als Konsistenzbeweis der Rationalität anzuführen in dem Sinne, daß die Vernunft in sich selbst begründet liege, ist nicht nur irreföh-

rend, sondern auch widersprüchlich. Denn damit hätte man einen Begriff von Begründung geschaffen, der nicht nur von der Rationalität unabhängig wäre, sondern obendrein dieser zugrunde läge. Nun impliziert aber der Gedanke der Begründung gewiß eine rationale Struktur (daß dies auch umgekehrt gilt, was Bartley verneint, wird nicht behauptet). Und damit hätten wir einen klassischen Zirkel[32].

Albert hat in diesem Zusammenhang darauf hingewiesen, daß Apel hier zwei verschiedene Bedeutungen des Terminus "Voraussetzung" durcheinanderwirft: etwas vorauszusetzen impliziere keineswegs auch dessen Akzeptierung. Man könne etwas voraussetzen in dem Sinne, daß etwas verstanden wird, ohne es zu akzeptieren. So ind nämlich laut Albert die "Regeln" für die Entscheidung zugunsten des Rationalismus nur insoferne vorausgesetzt "... als sie die Matere der Entscheidung charakterisieren und als solche verstanden werden müssen"[33]

3.5.2.3. DIE KRITIK VON STRÖKER

In ihrer Auseinandersetzung mit Popper nimmt Stöker diesen gegen die oben erwähnte Kritik der Frankfurter Schule weitgehend in Schutz[34]. Gleichwohl gibt ihr Poppers Lösung des Grundlagenproblems Anlaß zu kritischer Stellungnahme. Ströker arbeitet klar heraus, daß Poppers Entscheidung für den Rationalismus grundlegend ist insoferne, als sie ihrerseits durch Argumente nicht mehr gestützt werden kann und damit rational nicht zu rechtfertigen ist[35]. Wenn aber dann Popper einen Unterschied zwischen Willkür und vernünftiger Entscheidung macht und durch das nüchterne Abschätzen der Konsequenzen seiner

Entscheidung einen vernünftigen Anstrich zu geben trachtet, dann nehme er , so Ströker, "in Wahrheit eine Rationalität in Anspruch, für die er gleichwohl Rationaliät ausdrücklich in Abrede stellt"[36]. Daher meint Ströker, man müsse unterscheiden "zwischen einer ausdrücklichen und einer unausdrücklichen Auffassung Poppers von Rationalität, welch letztere zum background knowledge des Rationalisten Popper gehört, und die viel weiter gepannt ist als der Rahmen seines expressis verbis vertretenen Konzepts es zuläßt; mag Popper sich dessen bewußt geworden sein oder nicht."[37] Und Ströker kommt zu dem Schluß, daß Poppers Fallibilismus für dieses unausdrückliche Rationalitätskonzept keine Geltung besitzt[38].

Dieser Kritik kann das Offenlegen des wunden Punktes in Poppers Konzeption des Rationalismus kaum abgestritten werden. Zweifelsohne verweist Poppers Behauptung, seine Entscheidung für den Rationalismus sei kein Akt der Willkür, auf eine rationalistische Struktur, auf deren Hintergrund die Willkürlichkeit erst ausgeschlossen werden kann. Wie wir noch sehen, bleibt dies allerdings nicht das einzige Indiz für einen "fundamentalen Rationalismus" als Grundlage der Popperschen Position. Trotzdem bin ich der Meinung, daß Poppers These der grundlegenden Dichotomie von Rationalismus und Irrationalismus ihre Berechtigung hat, wenn man auch zugeben muß, daß er in seiner Diskussion der Konsequenzen des Rationalismus und des Irrationalismus diese Begriffe in einem Sinne verwendet, der sich nicht aufrecht erhalten läßt, da auch seine Darstellung des Irrationalismus rationale Züge trägt. Dies macht eine zweite Reflexion über Poppers Rationalitätskonzeption nötig.

3.5.3. EINE ZWEITE REFLEXION ÜBER POPPERS LÖSUNG

Der Stand der Erörterungen setzt uns nun in die Lage, Poppers Lösung des Grundlagenproblems abschließend zu beurteilen, um daraus ein stringentes Rationalitätsmodell zu erstellen, das allen bisher angestellten Überlegungen genügen soll. Dabei sieht man sich gezwungen, über Popper in einigen Punkten hinauszugehen.

Die Untersuchungen haben gezeigt: wenn Popper die Entscheidung zwischen Rationalismus und Irrationalismus als grundlegend ansieht (Werte$_1$), so kann er nicht die Analyse der Konsequenzen der beiden Positionen als "hilfreiche" Argumente anführen - für die Gültigkeit von Argumenten muß man bereits auf dem Boden eines Rationalismus stehen. Poppers Ausführungen zu diesem Punkt dürfen also nicht als Argumente für die Entscheidung zum Rationalismus angesehen werden, sondern müssen als Plädoyer eines Rationalisten für Rationalismus gelten.
Was aber bleibt vom Vorwurf der Willkürlichkeit, den auch Habermas erhoben hat? Grundlegend ist nach wie vor die Dichotomie zwischen Rationalismus und Irrationalismus. Diese wurde von unserer kritischen Diskussion bisher nicht aufgehoben. Allerdings stellt sie sich nun etwas anders dar, als es die Ausführungen Poppers nahelegen. Zwei Punkten wollen wir dabei zunächst unsere Aufmerksamkeit widmen:

1. Poppers Darstellung des Rationsalismus ist, zumindest in seiner Analyse der Konsequenzen, fast überall mit der seines kritischen Rationalismus identisch. Daher verwendet er beide Begriffe weitgehend äquivalent.

2. *Poppers Darstellung des Irrationalismus beschreibt eine Position, die unverkennbar rationalistische Züge trägt.* So schreibt er, ein "umfassender Irrationalismus" sei "logisch haltbar"[39]; er habe seine Grundsätze - beispielsweise die These, die menschliche Natur sei in der

Hauptsache nicht rational[40]. Dies wird noch deutlicher, wenn er zwei Vertreter dieses Irrationalismus kritisiert: Whitehead und Toynbee, den einen wegen seiner "Prozeß-Philosophie", den andern wegen seines "historischen Relativismus"[41]; dabei geht Popper argumentativ vor!

Dieser Darstellung kann man nicht zustimmen: *eine Position, die die menschliche Natur als wesentlich vom Gefühl bestimmt ansieht, ist nichtsdestoweniger eine rationalistische.* Sie geht nur von andern Prämissen aus, als beispielsweise Poppers kritischer Rationalismus, benutzt aber gleichfalls (und unterwirft sich damit) rationale Strukturen. Dies wird schon daran ersichtlich, daß die Vertreter der besagten Position Bücher schreiben, worin sie ihre Leser mit Argumenten von der Richtigkeit ihrer Prämissen und Folgerungen überzeugen wollen (auch auf den späten Feyerabend trifft dies zu). Sie alle arbeiten bewußt mit rationalen Strukturen und bleiben damit im Rahmen eines "fundamentalen Rationalismus". Daher kann man auch, wie Popper dies tut, gegen ihre Position argumentieren. Sie als Irrationalisten zu bezeichnen ist irreführend - mögen sie selbst dies nun für richtig halten oder nicht. Mehr zu diesem Aspekt in Kapitel 3.6.

Diese beiden Punkte scheinen mir - zusammen mit der oben bereits diskutierten Analyse der Konsequenzen - die Dichotomie zwischen Rationalismus und Irrationalismus in ihrem grundsätzlichen Anspruch zu verschleiern. Denn dadurch hat es den Anschein, als ließe sich zwischen Rationalismus und Irrationalismus diskutieren, als könne die Schlacht zwischen beiden Positionen auf dem Felde der Argumentation geschlagen werden. Dies allerdings ist, sieht man die Dichotomie als grundlegend an, falsch, denn dann würde der Rationalismus als das beide verbindende Band vorausgesetzt: *Nur auf der Grundlage eines Rationalismus läßt sich diskutieren.* Es handelt sich hierbei, wie oben bereits festgesetellt, um einen Wert_1.

Um nun einen klaren und widerspruchsfreien Ansatzpunkt für die Philosophie des kritischen Rationalismus wie für alle Philosophie, die sich als rationalistisch versteht, zu gewinnen, muß von folgendem Grundsatz ausgegangen werden:
Die Dichotomie zwischen Rationalismus und Irrationalismus ist grundlegend - die Trennung vollständig.

Wie aber kommt man nun zu der einen oder andern Position? Handelt es sich dabei um eine moralische Entscheidung, wie Popper schreibt? Ich halte den Ausdruck "Entscheidung" hier für unangemessen, denn er wird meist im Zusammenhang mit rationaler Argumentation gebraucht: man entscheidet sich für oder gegen eine bestimmte Position aus bestimmten Gründen. Wie unschwer zu erkennen ist, steht man dabei bereits auf dem Boden eines Rationalismus. Dies aber scheidet für unseren Fall aus, denn wir können keine Gründe für den Rationmalismus anführen, ohne ihn vorauszusetzen.

Wir kommen vielmehr zur Position des Rationalismus durch ein Bekenntnis; ein Bekenntnis, das frei ist von irgendwelchen rationalistischen Voraussetzungen. Dies hat wohl auch Popper gemeint, als er von einem "Glauben an die Vernunft" als der Voraussetzung des kritiscen Rationalismus sprach. Allerdings ist das Attribut "irrational", mit dem er diesen Glauben versieht irreführend (hier muß ich Apel, wenn auch aus andern Gründen, Recht geben): unser Bekenntnis verlangt nämlich *keine Voraussetzung von seiten des Irrationalismus*, da dieser ja seinerseits ein solches Bekenntnis benötigt; ein Bekenntnis zu der einen oder andern Position *liegt also in jedem Falle dieser voraus*, ist nicht Teil derselben.

An dieser Stelle stoßen wir auf eine tiefere Bedeutung der Anerkennung des Dualismus von Sein und Sollen und der damit verbundenen Irreduzibilität von Werten aus Tatsachen[45]: Rationalist ist einer, der sich, mag er dies nun zugeben oder nicht, *zum Wert des Rationalismus bekannt hat*; einem Wert, den er durch Argumente nicht mehr stützen kann, da Argumente gerade diesen Wert voraussetzen würden. Das Bekenntnis zur Position des Rationalismus - wie auch zu der des Irrationalismus - enthüllt also dessen Charakter als $Wert_1$. Der Primat der praktischen Vernunft ist fundamental, allerdings nur bei Werten der Kategorie $Werte_1$.

Dieses Bekenntnis zum Rationalismus ist nun nicht zu verwechseln mit dem Bekenntnis zum kritischen Rationalismus, denn der kritische Rationalismus hat jenen "*fundamentalen Rationalismus*", wie ich ihn nennen will[46], zur Voraussetzung. Dazu können wir Poppers Schriften selbst als Grund anführen. Denn er diskutiert, wie wir gesehen haben, andere Positionen zum Teil sehr ausführlich - beispielsweise die Position des Wiener Kreises - und bringt Argumente gegen sie vor. Dies ist doch nur möglich, wenn eine rationale Struktur existiert, die den Kontroversen Positionen gemeinsam zugrunde liegt. Denn: würde allein der kritische Rationalismus Rationalität beanspruchen dürfen, so müßte entweder der kritisierten Position zugestanden werden, Teil des kritischen Rationalismus zu sein - was aber wohl kaum der Fall sein dürfte - oder aber man müßte ihr alle Rationalität absprechen; sie könnte infolgedessen auch nicht kritisiert werden, weil es dann keine Grundlage der Kritik gäbe.

Der kritische Rationalismus ist also als eingebettet in einen "fundamentalen Rationalismus", eine fundamentale rationale Struktur[47], *zu betrachten*. Auf dieser Basis kann Popper dann tatsächlich sagen, er habe sich für den kritischen Rationalismus und gegen die Position Whiteheads "entschieden", aufgrund der Analyse der beiden Positionen. Denn nun können auf dem Hintergrund des fundamentalen Rationalismus Argumente ins Feld geführt werden. Diese Entscheidung für den kritischen Rationalismus im Rahmen des fundamentalen Rationalismus ist also eine Entscheidung für einen $Wert_2$. Das Gespenst der Willkürlichkeit ist damit gebannt.

Mit der Anerkennung diese fundamentalen Rationalismus, von dem Popper ja bereits implizit regen Gebrauch macht, würde der kritische Rationalismus zwei Vorteile gewinnen:

1. Die in letzter Zeit vielbeschworene Gefahr des *Dogmatismus*[48] könnte er abwehren, da er den alternativen Positionen Rationalität zugestehen müßte und dadurch eine Diskussion ermöglichen würde, in der *Argmumente* den Ausschlag geben.

2.. Dies würde ferner den kritischen Rationalismus vom Vorwurf der *Willkürlichkeit* (gemeint ist der "irrationale Glaube an die Vernunft"; man erinnere sich an die Besprechung der Habermasschen Kritik) freisprechen, denn die Entscheidung zum kritischen Rationalismus würde dann aufgrund von Argumenten gefällt.

Wollte man allerdings das Bekenntnis zum fundamentalen Rationalismus kritisieren, so würde man damit wohl aller Philosphie und auch dieser Kritik selbst den Boden entziehen.

3.6. BEMERKUNGEN ZU EINEM FUNDAMENTALEN RATIONALISMUS

Das eben erläuterte Bekenntnis zu einem fundamentalen Rationalismus ist nicht ein spezifisches Problem des kritischen Rationalismus, sondern *aller Philosophie, insoferne sie sich in einer Sprache äußert, die von einem andern verstanden werden soll*. Denn zweifelsohne besitzt jede menschliche Sprache eine bestimmte rationale Struktur, welche die Verständigung untereinander ermöglicht. Und selbstverständlich greift jede Argumentation auf diese rationale Struktur zurück[1] (womit allerdings die Frage, ob diese rationale Struktur der Sprache Rationalität schlechthin definiert, keineswegs beantwortet ist; man entsinne sich nur des Diktums der Wittgenstein-Schule, über Sprache könne man nicht sprechen[2]). Dies scheint mir auch der Grund, weshalb jene fundamentale Rationalität, meist ohne sie eigens zu erwähnen, vorausgesetzt wird. Hier ist Popper keine Ausnahme. Daher scheint es angebracht, hier einige Worte über das Phänomen der fundamentalen Rationalität zu verlieren.

1. Zunächst stellt man fest, daß man dabei nicht definieren kann, worüber man redet: *der fundamentale Rationalismus ist nicht definierbar*. Denn der Gedanke einer Definition würde rationale Strukturen, mithin also den fundamentalen Rationalismus voraussetzen.

Wenn daher Popper seinen Ausführungen zur Entscheidung zwischen Rationalismus und Irrationalismus eine Beschreibung der beiden Positionen vorausschickt, so geschieht dies bereits auf dem Boden des fundamentalen Rationalismus.

2. Ferner können wir diese Position nicht durch Argumente stützen: *der fundamentale Rationalismus ist nicht begründbar*. Denn zu seiner Begründung müßte er selbst bereits vorausgesetzt werden; der Gedanke einer Begründung impliziert sicherlich eine rationale Struktur.

3. Dasselbe gilt für die Versuche, ihn zu widerlegen: *der fundamentale Rationalismus ist nicht widerlegbar*, da ebenfalls zu seiner Widerlegung ein rationales Schema, also er selbst vorausgesetzt werden müßte.

4. Ist er deshalb dogmatisch? Behauptet er, seine eigene Gültigkeit sei notwendig? Offensichtlich ist dem nicht so, denn um in irgendeiner Weise sinnvoll von "dogmatisch", "Gültigkeit" und "Notwendigkeit" reden zu können, müßten wir den fundamentalen Rationalismus bereits voraussetzen.

5. Damit stoßen wir auf das eingangs erwähnte Problem der Sprache: *um überhaupt sinnvolle Aussagen über den fundamentalen Rationalismus machen zu können, muß man ihn bereits voraussetzen*. Dies gilt natürlich auch für unsere Ausführungen; wir befinden uns damit in einer ähnlichen Lage wie Wittgenstein am Ende seines Tractatus[3].

6. *Daher kann seine Existenz von niemanden, der sich in irgendeiner Form sprachlich äußert, bestritten werden*. (Dies ist eine Verstärkung von Punkt 3).

7. Folglich führt die Frage nach der Möglichkeit eines Bekenntnisses zum fundamentalen Irrationalismus in die Irre: natürlich muß sie negativ beantwortet werden, aber dabei stehen wir bereits auf dem Boden des fundamentalen Rationalismus. *Aussagen über einen fundamentalen Irrationalismus würden die Grenzen unserer Sprache übersteigen*. (Um Mißverständnissen vorzubeugen: damit stellt sich kein neues Sinnproblem, denn dieses könnte wiederum nur auf der Grundlage eines fundamentalen Rationalismus behandelt werden.)

8. An dieser Stelle sei ein Wort zur Position des "Irrationalismus" erlaubt[4], um damit möglichen Einwänden gegen einen fundamentalen Rationalismus zu begegnen.

Typisch scheint mir hierbei P. Feyerabend zu argumentieren, für den Rationalität in der Übereinstimmung mit allgemeinen Regeln und Maßstäben besteht[5]. Die Wissenschaften hätten in der bisherigen Menschheitsgeschichte als das Paradebeispiel für Rationalität gegolten. Und Feyerabend führt nun vor, wie die Wissenschaften selbst die Maßstäbe für Rationalität oft verletzten und behauptet, daß sie nur durch dieses Verletzen der Regeln hätten voran kommen können. Daher sei die Wissenschaft nicht rational. Die Irratioalität liegt also darin, Maßstäbe für Rationalität nicht beachtet zu haben[7].

Diese Kritik an einem Rationalitätsmodell der Wissenschaften kann aber keinesfalls als eine Art "Begründung" für eine irrationalistische Position dienen, wie es bei Feyerabend den Anschein hat, denn diese Kritik ist - wie alle Kritik - eine rationalistische; sie ist "Rationalismus-immanent". Ein Ratinalitätsmodell, das Maßstäbe der Rationalität aufstellt, muß - so dürfte aus den bisherigen Ausführungen hervorgegangen sein - den fundamentalen Rationalismus anerkennen, denn nur dann lassen sich Maßstäbe überhaupt formulieren. Diese Rationalitätsmodelle sind, wie auch der kritische Rationalismus, den $Werten_2$ zuzurechnen. Der Nachweis, ein bestimmtes Rationalitätsmodell widerstreite seinen eigenen Maßstäben, kann also nur auf dem Boden des fundamentalen Rationalismus geführt werden.

Selbst wenn es gelänge, allen bisher bekannten Rationalitätskonzeptionen jenes Versagen nachzuweisen, so hätte man damit keine irrationalistische Position begründet. Man hätte lediglich die Mangelhaftigkeit all dieser Positionen aufgezeigt - dies aber nur unter dem Preis der Anerkennung des fundamentalen Rationalismus. *Jegliche Art von Kritik muß, um überhaupt als Kritik auftreten zu können, rationalistische Strukturen, mithin den fundamentalen Rationalismus, voraussetzen* (dasselbe gilt selbstverständlich auch für den Skeptizismus!).

Auch ein *historischer Relativismus*, der die Geschichtlichkeit aller Rationalitätsmodelle und Argumentationsweisen predigt, entgeht dieser

Konsequenz nicht. Denn gerade die Feststellung der Relativität aller Rationalitätsmodelle ist nur mit Anerkennung des fundamentalen Rationalismus möglich.

Verkürzt gesagt: man kann nicht rational gegen Rationalität argumentieren. All diese vermeintlichen "Nachweise", "Begründungen" für die Position des "Irrationalismus" bleiben innerhalb des fundamentalen Rationalismus. Ein Modell eines Irrationalismus dagegen läßt sich innerhalb unserer Sprache nicht formulieren.

9. Kann dann überhaupt noch von einer Dichotomie zwischen Rationalismus und Irrationalismus die Rede sein? Zweifelsohne ist es richtig, daß immer, wenn von etwas "die Rede" ist, rationale Strukturen zugrunde liegen - dies gilt auch für die Aussagen über die fundamentale Dichotomie zwischen Rationalismus und Irrationalismus; hier trifft das zu Punkt 5 Gesagte zu.

Die vorliegende Untersuchung brachte auch zum Vorschein, daß der fundamentale Rationalismus in gewissem Sinne "begrenzt" ist - als ein Wert$_1$ verlangt er nach etwas, das ich mit "Bekenntnis" umschrieben habe.

Damit dürfte auch klar werden, wieso der kritische Rationalismus sich mit der Anerkennung des fundamentalen Rationalismus keine Letztbegründung - im Sinne eines archimedischen Punktes der Erkenntnis - aufladen würde; der Primat der praktischen Vernunft bleibt dabei unangetastet.

So ist die Situation die folgende: *Voraussetzung für das Denken, für die Vernunft, für die Rationalität ist der Wille, das Bekenntnis zum Denken, zur Vernunft, zur Rationalität.* Damit haben wir keine biologische, psychologische oder soziologische Wesensbestimmung des Menschen eingeführt, sondern lediglich auf eine notwendige Bedingung des Philosophierens hingewiesen: *zum Philosophieren, zum Reden über die Welt, braucht es ein Bekenntnis, einen Willen zum Philosophieren. Alle Vernunft muß also, um überhaupt "als Vernunft auftreten" zu können immer schon praktische Vernunft sein*[8].

3.7. DAS ERGEBNIS: EINE STRINGENTE GRUNDLAGENKONZEPTION DES KRITISCHEN RATIONALISMUS

Das Ergebnis der Untersuchungen zu Poppers Lösung des Gundlagenproblems kann man nun wie folgt zusammenfassen: Popper selbst sieht seinen kritischen Rationalismus in einem "irrationalen Glauben an die Vernunft", d.h. einer moralischen Entscheidung für die Vernunft, "fundiert", worauf ihn die Anerkennung des kritischen Dualismus, die Irreduzibilität von Werten aus Tatsachen, verwiesen hat.

Diese Entscheidung sucht Popper durch eine Analyse der Konsequenzen des Rationalismus und des Irrationalismus zu stützen, indem er zeigt, mit welchen Werten die jeweilige Position verbunden ist.

Dabei wurde deutlich, daß es *zweierlei Arten von Werten* geben muß: solche über die man diskutieren kann, die also einer Kritik zugänglich sind ($Werte_2$), und solche, bei denen dies nicht möglich ist, weil sie jeder Diskussion schon vorausliegen ($Werte_1$).

Dies führte zu folgender Kritik an Popper: bei der Dichotomie von Rationalismus und Irrationalismus handelt es sich fraglos um Werte der letzten Art ($Werte_1$). Folglich kann die Entscheidung für den Rationalismus nicht durch die Analyse der Konsequenzen gestützt werden, denn diese setzt bereits eine rationale Struktur voraus. Der Begriff "Entscheidung" ist in diesem Zusammenhang unglücklich gewählt, denn auch er impliziert im normalen Sprachgebrauch ein rationales Moment. Ferner kann der "Glaube an die Vernunft" nicht als "irrational" bezeichnet werden, weil auch die Position des Irrationalismus eine solche Voraussetzung benötigt, die somit außerhalb beider Bereiche liegen muß.

Hier zeigt es sich, daß Popper, als er seine "Entscheidung" für den Rationalismus näher erläuterte, von einem *fundamentalen Rationalismus*

Gebrauch macht, der seinem kritischen Rationalismus zugrunde liegt. Daran scheiterte letzten Endes auch Bartleys Konzeption des pankritischen Rationalismus.

Die Anerkennung dieses fundamentalen Rationalismus genügt meiner Meinung nach, um das Grundlagenproblem des kritischen Rationalismus in stringenter Weise zu lösen. Diese Konzeption hat folgende Gestalt:

1. Auszugehen wäre dabei von einer *grundlegenden Dichotomie zwischen Rationalismus und Irrationalismus*, die

a. einmal berücksichtigt, daß es sich hierbei um *Werte*$_1$ handelt, hinter die nicht mehr zurückgegangen werden kann, und die

b. mit der *radikalen Trennung beider Bereiche ernst macht* - man kann nicht rational über den Irrationalismus diskutieren oder "irrationale" Voraussetzungen für den Rationalismus akzeptieren.

Kurz: es wird ein *Bekenntnis zum fundamentalen Rationalismus* verlangt; dieses genügt dabei dem Primat der praktischen Vernunft.

2. Im Rahmen dieses fundamentalen Rationalismus ist dann eine *rationale Entscheidung für die Position des kritischen Rationalismus* möglich, der dann den Status eines Wertes$_2$ besitzt, da er auf der Grundlage des fundamentalen Rationalismus steht. Diese Entscheidung kann, wie Popper es beschrieben hat, durch Analyse der Konsequenzen der jeweiligen alternativen Positionen gefällt werden - auf alle Fälle geben hier Argumente den Ausschlag.

3. Dies hat zur Konsequenz, daß der kritische Rationalismus andern philosophischen Konzeptionen zunächst einmal *Rationalität zugestehen* muß. Welche Schwächen und Fehler diese Positionen besitzen, kann erst eine kritische Diskussion zeigen.

Denn die kritische Diskussion zwischen verschiedenen philosophischen Positionen, wie sie schon immer vom kritischen Rationalismus gefordert wurde, kann nur im Rahmen eines fundamentalen Rationalismus möglich sein, da sie voraussetzt, daß Argumente *zwischen* diesen Positionen gelten und *nicht nur innerhalb* einer bestimmten Position sinnvoll sind. Mit der Anerkennung des fundamentalen Rationalismus würde also dem "moralischen Anspruch" Poppers Rechnung getragen.

4. Der kritische Rationalismus hat dabei keine Veranlassung, diese Auseinandersetzungen zu fürchten. Schließlich - und dies zeigt nicht zuletzt auch diese Arbeit - hat er sich großenteils durch die Kontroverse mit andern Positionen weiterentwickelt.

3.8. EINE KONSEQUENZ: KRITIK AN H. ALBERT

Zum Abschluß wollen wir uns noch mit einer Position auseinandersetzen, die der Popperschen zwar sehr ähnlich, aber doch nicht ganz gleich ist. Ich meine Hans Albert, der mit Fug und Recht als der bedeutendste Vertreter des Kritischen Rationalismus (dieser Begriff bezeichne nun nicht nur die Poppersche Philosophoie, sondern umfasse die ganze, zum Teil divergierende Popperschule) in Deutschland angesehen wird[1].

Viele Kritiker des kritischen Rationalismus - und hier stehen wieder die Anhänger der Frankfurter Schule in der ersten Reihe - machen zwischen Popper und Albert keinen Unterschied, geradeso, als seien beider Standpunkte gegeneinander austauschbar. Doch dies ist nicht der Fall. Zwar ist unbestritten, daß Alberts Position sich sehr stark an die Poppersche Philosophie anlehnt, doch versteht man Alberts Schriften falsch, wollte man ihnen lediglich eine erläuternde Funktion zur Popperschen Phiolosophie zuschreiben: daß Albert hier einen Eigenbeitrag geleistet hat, wird großenteils auch anerkannt[2]. Da wäre zunächst das Aufgabenfeld der Sozial- und Politikwissenschaften: was Popper hier nur kurz umreißt oder nur andeutet - Albert führt es aus und ergänzt es mit eigenen Gedanken (so hat sich der deutsche Ableger der Popperschule weitgehend auf diesen Problembereich beschränkt). Dies alles ist aber bei Albert eingebettet in einen universalen Anspruch: der kritische Rationalismus wird als eine *Lebensform* verstanden[3]. Diesem Punkt wollen wir im Folgenden unsere Aufmerksamkeit widmen.

Ausgangspunkt Alberts ist die Einsicht, daß alle bisherige Erkenntnistheorie, die sich ausschließlich am Satz vom zureichenden Grunde orientierte und nach einem archimedischen Punkt der Erkenntnis suchte, als gescheitert anzusehen ist: "Alle Sicherheiten in der Erkenntnis sind selbstfabriziert und damit für die Erfassung der

Wirklichkeit wertlos."[4] Daß die Unmöglichkeit einer umfassenden Begründung nicht nur ein Phänomen der bis dato existierenden Philosophien ist, sondern grundsätzlich gilt, zeigt er mit seinem oben bereits angeführten "Münchhausen-Trilemma", in das alle "Begründungsphilosophie" notwendigerweise verfallen müsse[5]. Dies führt Albert zu der Schlußfolgerung, daß das Streben nach Gewißheit aufzugeben und durch den Gedanken der kritischen Prüfung zu ersetzen sei, denn diese komme ohne einen archimedischen Punkt aus. Die Konsequenz ist also ein universeller Kritizismus, der auf einem universellen Fallibilismus fußt[6]. Die Annahme der kritischen Methode involviere, so Albert, eine moralische Entscheidung, denn sie bedeute eine methodische Praxis für das soziale Leben: "Das Rationalitätsmodell des Kritizismus ist der Entwurf einer Lebensweise, einer sozialen Praxis, und hat daher ethische und darüber hinaus politische Bedeutung."[7] Da das Begründungspostulat im Bereich der Ethik zu denselben Schwierigkeiten führe wie in der Erkenntnistheorie, hält Albert die Methode der kritischen Prüfung - und damit den Fallibilismus - auch auf normative Konzeptionen und Wertmaßstäbe für anwendbar, was ihn zu einem *ethischen Pluralismus* führt[8]. So seien ethische Systeme und Aussagen nicht mehr als Dogmen, sondern als Hypothesen zu behandeln, wobei natürlich zwangsweise Alternativen mit in Erwägung gezogen werden müßten. Dies ist die Grundlage einer "*kritischen Moralphilosophie*"[9].

Um allerdings "wissenschaftliche Kritik" normativer Aussagen möglich zu machen, sind nach Albert sogenannte "*Brückenprinzipien*" nötig, welche die Distanz zwischen Soll-Sätzen und Sachaussagen, mithin zwischen Ethik und Wissenschaft, überwinden sollen. Als ein solches führt er die Maxime "Sollen impliziert Können" an. Das Aufstellen derartiger Prinzipien sieht er als eine Aufgabe der "kritischen Moralphilosophie" an, denn nur auf diese Weise lasse sich Erkenntnis zur Kritik an normativen Aussagen nutzen[10].

Albert vertritt einen "konsequenten Fallibilismus, der alle Bereiche des menschlichen Denkens und Handelns umfaßt"[11].

Damit sollte jedermann klar sein, daß Albert für eine Position eintritt, die über die Poppersche weit hinausgeht: Bei Popper ist vom kritischen Rationalismus an keiner Stelle als von einer umfassenden Lebensweise die Rede; sein Fallibilismus hat nicht diesen universellen Anspruch. Popper gibt vielmehr zu, daß der kritische Rationalismus seine Grenzen im Ethischen habe[12]. Außerdem betont er, daß eine "Entscheidung" zum Rationalismus nötig sei. Dieses Moment allerdings finden wir auch bei Albert; auch er spricht von einer "moralischen Entscheidung zur Rationalität"[13].

Hier hat die Kritik anzusetzen, denn diese moralische "Entscheidung" (die Verwendung des Terminus "Entscheidung" in diesem Zusammenhang habe ich bereits weiter oben kritisiert; ich werde daher den Begriff hier in Anführungszeichen setzen) scheint mir mit dem universalen Anspruch, den Albert für seine Position erhebt, unvereinbar. Entweder man anerkennt die Notwendigkeit einer "Entscheidung" zur Rationalität. Dann ist aber damit, wie oben ausgeführt, keineswegs bereits die Entscheidung zugunsten einer bestimmten Rationalitätskonzeption, etwa der des kritischen Rationalismus, verbunden. Deshalb kann in diesem Falle der universale Anspruch nicht aufrecht erhalten werden - abgesehen von der damit verbundenen Überschätzung der menschlichen Psyche, der es wohl kaum möglich sein dürfte, alle Überzeugungen der Kritik gegenüber offenzuhalten[14]. Oder aber man vertritt den universalen Anspruch eines kritischen Rationalismus als Lebensform, der nach Alberts eigener Aussage alle Bereiche des menschlichen Denkens und Handelns beträfe[15]. Dann ist allerdings in dieser Konzeption kein Platz für eine "Entscheidung" zur Rationalität, die ja notgedrungen diesen Anspruch einschränken würde. Im übrigen könnte man Albert, würde er sich eindeutig und ausschließlich zu dieser zweiten Komponente bekennen, dann vorhalten, er müsse einen archimedischen Punkt der Erkenntnis gefunden haben, denn nur damit läßt sich wohl ein universales Rationalitätsmodell als Lebensform behaupten.

Man muß Albert also vorhalten, daß er, wenn er seinen universalen Anspruch aufrecht erhalten will, Wert$_1$ und Wert$_2$ durcheinanderwirft. Er will Rationalität als einen Wert$_1$ behandelt wissen und gleichzeitig behaupten, alle Werte seien Werte$_2$[16].

Allerdings muß dieser Kritik noch Folgendes hinzugefügt werden: bei Albert gibt es einen Hinweis, daß er diese Schwierigkeit erkannt hat. So schreibt er in seinem Aufsatz "Ethik und Metaethik", bei der "Entscheidung" zugunsten des Rationalismus handle es sich um eine "moralische Entscheidung höherer Ordnung, die die Grundlage für Wissenschaft und Ethik bildet"[17]. Interpretiert man diese Stelle im Sinne der Unterscheidung von Wert$_1$ und Wert$_2$, so braucht kaum noch erwähnt zu werden, daß damit der universale Anspruch eines kritischen Rationalismus Albertscher Prägung untergraben wird. Ignoriert man dies aber und pocht weiterhin auf einen universalen kritischen Rationalismus, so kann man nicht mehr von einer "Entscheidung" zur Rationalität reden und H. Spinner hätte dann inder Tat allen Grund, die Gefahr der Dogmatisierung des kritischen Ratioalismus anzuprangern[18].

Der kritische Rationalismus, insbesondere Albert, sollte dazu zurückkehren, Poppers Wort vom "bescheidenen kritischen Rationalismus", seinen Appell zur intellektuellen Bescheidenheit, ernst zu nehmen[19].

4. ERGEBNIS UND AUSBLICK

Die Ergebnisse der vorangegangenen Untersuchungen zusammenfassend, kann festgehalten werden:

1. Popper hat die wesentlichen Grundgedanken seiner Philosophie unabhängig von einer philosophischen Tradition entwickelt.

2. Aufgrund dieses rudimentären Konzeptes war eine Auseinandersetzung mit dem *Wiener Kreis*, der ähnliche Ziele verfolgte, unausweichlich. Diese Kontroverse spielte sich fast ausschließlich auf dem Felde der reinen Wissenschaftstheorie ab. Popper gelang es dabei, die Schwierigkeiten und Widersprüche, welche in der Position des frühen Wiener Kreises enthalten waren, aufzudecken und seine Position in überzeugender Weise als eine allen diesen Problemen gewachsene Alternative darzustellen. Allerdings zeigt es sich bei der Behandlung des Basisproblems, *daß eine konsistente Wissenschaftstheorie ohne eine Methodologie nicht auskommen kann*; die Forderung nach Stringenz im Bereich der Aussagen über Empirie macht das Überschreiten dieses Bereiches notwendig. Die erste Entwicklungsstufe des Grundlagenproblems bei Popper ist damit abgeschlossen.

3. Im Verfolg seiner Kritik am Wiener Kreis meint Popper auch *Wittgenstein* (allerdings nur den "Tractatus") ausführlich kritisiert zu haben. Die Untersuchung hat jedoch ergeben, daß er lediglich das Wittgenstein-Bild des Wiener Kreises, das nicht Wittgensteins eigenen Anschauungen und Absichten entspricht, einer Kritik unterzogen hatte. Die Vereinnahmung Wittgensteins durch den Wiener Kreis erweist sich bei genauerem Hinsehen als ungerechtfertigt. Daher trifft auch Poppers Kritik auf Wittgenstein selbst nicht zu.

4. Da sich aus dem Basisproblem die Notwendigkeit einer Methodologie ergeben hatte, mußte Popper sich auf diesem Felde mit einer alternativen Konzeption auseinandersetzen, die zu seiner eigenen im Widerspruch steht: dem *Konventionalismus*. Hier stellt Popper aus den Theorien der drei Hauptvertreter dieser Richtung, Poincaré, Duhem und Dingler, einen "einheitlichen"Begriff von Konventionalismus zusammen, der keinem dieser drei Philosophen vollends gerecht wird - bestehende Gemeinsamkeiten, z.B. mit Duhem, bleiben weitgehend unberücksichtigt. Seine kritische Auseinandersetzung beschränkt sich denn auch im wesentlichen darauf, einmal den Unterschied zwischen seiner und der konventionalistischen Position kenntlich zu machen und zum anderen darauf zu verweisen, daß die Bevorzugung einer bestimmten Methodologie letztlich auf einer *Entscheidung* beruht; und er habe sich entschieden, die konventionalistische Methodologie nicht anzuwenden.

5. Dabei hat es Popper versäumt, die immanenten Schwierigkeiten die bei jedem der drei konventionalistischen Philosophen tatsächlich bestehen, aufzuzeigen; dieses Mittel, in der Auseinandersetzung mit dem logischen Empirismus überzeugend eingesetzt, die eigene Position durch Destruieren der alternativen Konzeption zu stützen, wurde hier nicht angewendet. Die *Abgrenzung* gegenüber der konventionalistischen Position ist Popper - allen Kritikern zum Trotz - gelungen. Die Poppersche Methodologie als konventionalistisch zu bezeichnen ist schlechterdings ungerechtfertigt. Er entkommt freilich dem Konventionalismus nur durch einen *Entschluß*, eine Festsetzung. *Dieser allerdings ist jeder Methodologie vorgeordnet*. Hier gelangt Popper also zum zweiten Male - nach der Behandlung des Basisproblems - an einem Punkt an, wo er, um die Konsistenz des Gedankenganges in einem bestimmten Bereich zu zeigen, über diesen selbst hinausgehen muß: *die Entscheidung für eine be-*

stimmte Methodologie ist nicht selbst Teil dieser Methodologie. Es bleibt dann noch die Frage der Willkürlichkeit dieser Entscheidung zu klären. Hier ist die zweite Entwicklungsstufe des Grundlagenproblems bei Popper abgeschlossen.

6. Damit sind wir zu dem vorgestoßen, was als die eigentliche Grundlagenproblematik des kritischen Rationalismus bezeichnet werden kann. Popper sieht nämlich - dies führt er zum ersten Male in seiner "Offenen Gesellschaft" aus - seine Position auf einem "irrationalen Glauben an die Vernunft" fußend. Es ist dies eine Konsequenz seiner Anerkennung des "kritischen Dualismus" von Sein und Sollen, der die Irreduzibilität von Werten aus Tatsachen und damit die Autonomie der Ethik behauptet. Fundamental ist also für Popper die *Dichotomie zwischen Rationalismus und Irrationalismus*, wo es eine "Entscheidung" zu fällen gilt. Dies bedeutet die *Anerkennung des Primates der praktischen Vernunft.*

Damit gibt Popper zu, daß die Anerkenung einer rationalen Grundstruktur eine Voraussetzung seiner Philosophie ist, hinter die nicht mehr zurückgegangen werden kann. Es handelt sich also bei dem Rationalismus um einen Wert, über den man nicht mehr diskutieren kann, weil er bereits einer jeden Diskussion zugrunde liegt ($Wert_1$).

Man muß Popper allerdings einer Inkonsequenz zeihen, wenn er jene fundamentale "Entscheidung" zum Rationalismus durch Argumente - nämlich durch Analyse der Konsequenzen beider Positionen - stützen will, denn dies setzt bereits die Anerkennung des Rationalismus voraus. Diskutiert er also in diesem Zusammenhang über Werte, die mit dem kritischen Rationalismus verbunden sind, so muß es noch eine andere Klasse von Werten geben - nämlich solche, über die man diskutieren kann ($Werte_2$). Und da Popper ebenfalls über seinen kritischen Rationalismus diskutiert, ihn alternativen Konzeptionen gegenüberstellt, man sich aber zu ihm letztlich doch entscheiden muß, *so kann es sich bei dem kritischen Rationslismus offensichtlich nur um einen solchen* Wert$_2$ *handeln*. Damit hat also der kritische Rationalismus einen *fundamentalen Rationalismus zur Voraussetzung*, der jenseits aller Argumentationen steht. Mit der Anerkennung dieses fundamentalen Rationalismus ist eine *stringente Grundlagenkonzeption des kritischen Rationalismus möglich*.

8. Daher ist auch der universale Anspruch, den Albert für seinen kritischen Rationalismus, der über den Poppers hinausgeht, erhebt - der kritische Rationalismus als Lebensweise - zurückzuweisen: *der kritische Rationalismus hat seine Grenzen im Ethischen*. Er ist kein "voraussetzungsloses Denken".

Welches nun sind die Konsequenzen dieser Untersuchung für den kritischen Rationalismus? Zunächst einmal das Wichtigste:

Der kritische Rationalismus muß klar anerkennen, daß er einen fundamentalen Rationalismus zur Voraussetzung hat. Und er muß zweitens anerkennen, daß dies eine Voraussetzung ist , die er wohl mit allen andern philosophischen Positionen teilt.

Nur auf diese Weise, wenn der Begriff des Rationalismus unabhängig von dem des kritischen Rationalismus Verwendung findet, ist überhaupt erst eine Diskussion zwischen kritischem Rationalismus und andern philosophischen Positionen möglich, weil nun beide auf dem Boden eines fundamentalen Rationalismus stehen, der schlechthin Bedingung der Möglichkeit für jede Art von Argumentation ist. Popper und seine Schülr machten auch, wie unsere Untersuchung über die Kontroversen mit dem Wiener Kreis und dem Konventionalismus zeigte, implizit Gebrauch von dieser Tatsache!

So wächst dem kritischen Rationalismus die Aufgabe zu, sich einer jeden rationalen Philosophie zu einer kritischen Diskussion zu stellen. Diese Kritik braucht nun nicht nur eine solche "von innen" zu sein, also eine, die die systemimmanenten Schwierigkeiten der jeweils kritisierten Position aufzuzeigen versucht, sondern kann auch - dank der Anerkennung des fundamentalen Rationalismus - eine Kritik "von außen" sein, welche beispielsweise die Unangemessenheit für eine bestimmte Problemlage feststellt.

Dies würde zudem die Gefahr der Dogmatisierung des kritischen Rationalismus abwenden, denn ein Argument wäre dann nicht mehr nur rational aufgrund der Konzeption des kritischen Rationalismus, sondern besäße unabhängig von diesem Gültigkeit. Auch der kritische Rationalismus kann kritisiert werden, ohne daß ausschließlich er selbst über die Berechtigung der Kritik zu befinden hätte. (Im übrigen: auch die vorliegende Arbeit, die ja die Position des kritischen Rationalismus diskutiert, macht in dieser Weise Gebrauch von der Voraussetzung des fundamentalen Rationalismus.)

Neben seinem "moralischen Anspruch" verpflichtet also auch seine eigene theoretische Konzeption den kritischen Rationalismus zur rationalen Diskussion mit alternativen Positionen. Diesem Anspruch zu genügen wird eine Aufgabe sein, die niemals als endgültig beendet angesehen werden kann. Der kritische Rationalismus ist also keineswegs am Ende!

ANMERKUNGEN

Es sei hier darauf hingewiesen, daß alle Abkürzungen für die Popperschen Schriften, wie sie in den Anmerkungen Verwendung finden, im Literaturverzeichnis aufgeschlüsselt sind.

Anmerkungen zur Einleitung

[1]: Man werfe dazu einen Blick in das Literaturverzeichnis. Zu den Politikern vgl.: Lührs(1), mit dem Vorwort von H. Schmidt und die Dissertation Schlitzbergers, insbes. S. 159-74, wo er die Wirkung Poppers auf die Parteien nachweist.

[2]: Man vgl. beispielsweise: Küng, S. 133.

[3]: So der Titel eines Buches von H. Spinner.

[4]: Vgl.: Spinner(4), S. 105. Allerdings bezieht Spinner seine Äußerungen hauptsächlich auf den deutschen "Ableger" des kritischen Rationalismus.

[5]: Hierunter verstehe ich fortan ausschließlich die Philosophie Poppers, nicht die seiner Schüler, welche, wie noch gezeigt werden wird, zum Teil erheblich von der Popperschen abweicht.

[6]: Vgl.: OG II, S. 25.

[7]: Vgl.: a.a.O., S. 26ff.

[8]: Vgl.: A, S. 26.

Anmerkungen zu Kapitel 1.1.

[1]: Vgl.: A, S. 38ff.

[2]: Vgl.: GU, S. 9.

[3]: Vgl.: A, S. 41.

[4]: A, S. 45.

[5]: A, S. 48.

[6]: Vgl.: A, S. 49 und CaR, S. 35.

[7]: Vgl.: CaR, S. 34 und GU, S. 13.

[8]: Vgl.: A, S. 52.

[9]: A, S. 48.

[10]: Vgl. auch: CaR, S. 33.

[11]: Das Abgrenzungsproblem nennt Popper oft auch das Kantische Problem (z.B.: LdF, S. 9), in Anlehnung an dessen Frage nach den Grenzen der Erkenntnis. Popper ist nämlich der Ansicht, auch Kant hätte nach einem Abgrenzungskriterium gesucht (vgl.: GE, Kap. 9-11). Daß man in der Tat Kants Vorrede zur ersten Auflage seiner "Kritik der reinen Vernunft" in dieser Weise verstehen kann, darauf hat bereits Janoska hingewiesen (Vgl.: S. 158; man denke dabei insbesondere an A, X).
Diese Parallele wird auch untersucht von R. Hahn; vgl. insbesondere S. 35. Ebenso H. Fischer, S. 117 und ausführlich S. 138ff. Fischer geht auch dem Abgrenzungsproblem bei Hume nach: vgl.: S. 151ff.

[12]: Vgl.: A, S. 52.

[13]: Vgl.: A, S. 108ff.

[14]: Aus einer Theorie T folge die Prognose P. Würde nun nicht-P beobachtet, so wäre nach dem modus tollens die Theorie falsch. Vgl. dazu: LdF, S. 44ff.

[15]: GE, S. 427.

[16]: Vgl.: RC, s. 981.

[17]: Vgl.: CaR, S. 256.

[18]: CaR, S. 36.
Lakatos' Kritik, Poppers Abgrenzungskriterium sei durch die Historiographie falsifiziert (vgl.: Lakatos(2), S. 130ff), läuft wohl an Popper vorbei, denn Popper betont

ausdrücklich, sein Kriterium sei nicht-empirisch, es sei nicht aus der Wissenschaftsgeschichte abgeleitet: vgl. u.a.: GE, S: XXVII.

[19]: Vgl.: GE, S.3.

[20]: OE, S. 13 Anm. Man vgl. auch CaR, S. 42. Dies geschah *vor* Poppers Begegnung mit dem Wiener Kreis!

[21]: Vgl.: CaR, S. 42. Das Induktionsproblem bezeichnete Popper daher auch als das Humesche Problem: GE, S. 59.

[22]: Vgl.: A, S. 118.

[23]: Anderer Ansicht ist hier W. Stegmüller: Er zerlegt das Induktionsproblem in zwei Nachfolgerprobleme, die beide rein normativer Natur sind. Daher verweist er Poppers Überlegungen in den Bereich der theoretischen Vernunft. Vgl.: Stegmüller(4).

[24]: A, S. 118.
Wenn aber Obermeier Popper vorwirft, er verleugne die Mehrdimensionalität des Induktionsproblems, reduziere es auf die Logik (vgl.: Obermeier, S. 29) und vernachlässige die Praxis (vgl.: a.a.O., S. 50), so wird er Popper nicht gerecht: mit seiner negativen Lösung des logischen Problems der Induktion "reduziert" Popper keineswegs den psychologischen und den praktischen Aspekt des Problems auf die Logik - vielmehr stellt er mit seiner Konzeption des "Lernens ohne Wiederholung", durch seine Methode von Versuch und Irrtum, den induktivistisch orientierten Theorien einen praktischen Lösungsvorschlag gegenüber, der mit seiner Lösung des Induktionsproblems vereinbar (nicht: reduzierbar) ist. Vgl.: OE, S. 41 und S. 77; GE, S. 26 und IG, S. 170. Man vgl. dazu auch die Kritik Wetterstens an Obermeier.

[25]: Vgl.: GE, S. 9.

[26]: Vgl auch: GE, S. 387f. Lakatos ist nicht dieser Meinung: vgl.: Lakatos(2), S. 150.

[27]: Vgl.: LdF, S. 81ff.

[28]: A, S. 118.

[29]: GE, S. XVII.

[30]: A, S. 109.

[31]: Dabei wird deutlich, daß Popper keineswegs durch eine Analogie zu gewissen mathematischen Sätzen zur Position des Fallibilismus gelangt ist, wie Juhos es darstellt; vgl.: Juhos(2), S. 54f.
Das Problem der Fallibilität des Fallibilismus wird im dritten Kapitel mitbehandelt. Dort zeigt sich, daß die Poppersche Position - mithin auch der Fallibilismus - einen "fundamentalen Rationalismus" zur Voraussetzung hat; vgl. insbes. Kap. 3.5.3.

[32]: Vgl.: GE, S. XXI.

[33]: Vgl.: GE, S. 427 und SbW, S. 198.

[34]: Man sollte es dabei mit der "Definition" der Metaphysik nicht so genau nehmen: wie Janoska zeigte, führt das Abgrenzungskriterium Poppers, als Definition von Metaphysik, zu teilweise "unzweckmäßigen" Konsequenzen; vgl.: Janoska, S. 159-61. Die Intention Poppers lag wohl eher auf einer Abgrenzung der empirischen Wissenschaften als auf einer strengen Definition des Begriffes "Metaphysik". Diesen Terminus gebraucht Popper keineswegs in der Weise, wie er in der Tradition meist verstanden wurde - "metaphysisch" heißt für ihn einfach: "nicht empirisch". Vgl. auch Schäfer(2), S. 82.

[35]: LdF, S. 12.

[36]: Vgl.: A, S. 110 , Ldf, S. 223 und KR, S. 67f.

[37]: Vgl.: GE, S. 348. Popper hat diese Problematik später ausführlich untersucht und dargelegt im nun veröffentlichten Postscript zur "Logik der Forschung", im dritten Band (vgl.: QT, S. 159-211).

[38]: Vgl. u.a.: RC, S. 966 und S. 1067.

[39]: Wenn er nämlich die Kritisierbarkeit von Theorien verlangt; vgl.: LdF, S. 159 Anm.; CaR, Kap. 8 und RAS, chap. III. Vgl. auch Kap. 3.3.

[40]: Vgl.: A, S. 22. Man vgl. dazu auch: SbW, S. 107 und S. 205.

[41]: Vgl.: A. S. 103 und S. 113.

[42]: RC, S. 966. Vgl. aber auch: a.a.O., S. 963.
In GE hatte Popper noch von einem "methodischen Realismus" gesprochen, der durch Konvention die Grundlage der Naturwissenschaften bilden sollte (vgl.: GE, S. 438);

man kann in Poppers Denken generell eine Tendenz hin zu einer etwas stärkeren Betonung der metaphysischen (in seinem Sinne!) Grundvoraussetzungen ausmachen. Vgl. dazu auch: Janoska, S. 164ff.

[43]: RC, S. 971.

[44]: Vgl.: RC, S. 971.

[45]: Weil Popper der Theorie den Vorrang vor der Erfahrung einräumt, sieht Schäfer ihn in die Tradition des Rationalismus eingereiht; vgl.: Schäfer(2), S. 16.

Anmerkungen zu Kapitel 1.2.

[1]: Von R. Haller wird in jüngster Zeit die These vertreten, vor dem Kreis um Schlick hätte es bereits einen "ersten Wiener Kreis" um Hahn, Frank und Neurath gegeben: eigentlich hätte Hahn den Kreis gegründet. Vgl. Hallers Aufsatz.

[2]: Vgl.: Juhos(2), S. 41ff.

[3]: Vgl.: Kraft(2); S. 1f; Schleichert, S. 8.

[4]: Carnap(6), S. 21; vgl. auch: Ayer, S. 3f.

[5]: Vgl.: Warnock, S. 58.

[6]: Vgl.: Joergensen, S. 3f.

[7]: Vormals "Annalen der Philosophie", hrsg. v. H. Vaihinger, J. Petzoldt und R. Schmidt.

[8]: Vgl.: Ayer, S. 5f und Kraft(2), S. 6.

[9]: Vgl.: Kraft(2), S. 6ff und Juhos(2), S. 48.

[10]: Vgl.: Kraft(2); S. 176.
Das Ende des Kreises läßt sich allerdings nicht nur aus den äußeren Umständen erklären. Die Einheit begann schon früher zu bröckeln, wie beispielsweise der tiefgehende Streit zwischen Neurath und Schlick in Erkenntnis Bd. 3 und Bd. 4 zeigt (vgl.: Schnitzler, S. 105) - vor allem auch die Kritik Poppers führte zu unter-

schiedlichen Auffassungen (vgl. u.a.: Kraft(6), S. 191ff).

[11]: Vgl.: Kraft(2), S. 11 und Haeberli, S. 20f.

[12]: Vgl.: Kraft(2), S. 2; Ayer; S. 13 und S. 28; Joergensen, S. 18 und S. 27ff; Carnap(6), S. 24ff.

[13]: 1918 fertiggestellt, als "Logisch-philosophische Abhandlung" erstmals 1921 erschienen in: "Annalen der Naturphilosophie", 14, hrsg. v. W. Ostwald. Englische Erstausgabe (Übersetzung von C.K. Ogden): London 1922, mit einem Vorwort von B. Russell. Aus Wittgensteins Nachlaß wurde 1971 eine Frühform des Tractatus, der sogenannte "Prototractatus" (angefertigt 1918) von B.F. McGuinness u.a. herausgegeben. (London/Ithaca 1971).

[14]: Carnap(6), S. 24.

[15]: Vgl.: Joergensen, S. 28 und Carnap(6), S. 25.

[16]: Von Waismann wurden seit Dezember 1929 Aufzeichnungen dieser Gespräche angefertigt, die im dritten Band von Wittgensteins Schriften veröffentlicht vorliegen. Vgl.: McGuinness in Wittgenstein(3), S. 13ff.

[17]: Vgl.: Carnap(6), S. 25.

[18]: Vgl.: McGuinness in Wittgenstein(3), S. 26f.

[19]: Wittgenstein an Ficker, in: Wittgenstein(4), S. 96, Brief 107.

[20]: Wittgenstein(1), S. 9.

[21]: a.a.O.

[22]: Den Begriff "Naturwissenschaft" gebraucht Wittgenstein in seinem Tractatus in einem sehr weiten Sinne: er will darunter auch alle deskriptiven Aussagen, wie z.B. "Die Bank vor unserem Haus ist grün" subsumiert wissen (vgl.: Pitcher, S. 169). Dieser Tatbestand wird im Zusammenhang mit Poppers Kritik an Wittgenstein noch von einigem Interesse sein. Vgl.: Kap. 1.3.1.4.

[23]: Vgl.: Wittgenstein(1), 4.11 und Wuchterl/Hübner, S. 78.

[24]: Vgl.: Wuchterl/Hübner, S. 16.

[25]: Engelmann, S. 77.

[26]: Vgl.: Wolniewicz.

[27]: Vgl dazu auch Hacker, S. 49ff und Black(1), S. 376f.

[28]: Hacker, S. 54.

[29]: Vgl. oben Anm. 22.

[30]: Vgl.: Wittgenstein(1), S. 9.

[31]: Vgl. auch: Hacker, S. 24ff.

[32]: Vgl.: TLP 4.121.

[33]: Vgl.: Kenny, S. 16 und Waismann(3), S. 446ff.

[34]: Vgl. auch: Pitcher, S. 63.

[35]: Vgl.: a.a.O., S. 62.

[36]: Vgl.: Wallner(1), S. 39.

[37]: Vgl. dazu auch: Kenny, S. 95.

[38]: Vgl.: Bartley(6), S. 65 und Wallner(1), S. 38ff.

[39]: Vgl.: TLP 2.04 und 2.063.
Bei den Ausdrücken "Wirklichkeit" und "Welt" (im Text etwas weiter unten) sei an den Anfang des Tractatus erinnert: "Die Welt ist alles, was der Fall ist. Die Welt ist die Gesamtheit der Tatsachen, nicht der Dinge." (TLP 1 und 1.1). In dieser Weise sind die Ausdrücke hier zu verstehen.

[40]: Der Elementarsatz enthält Namen, die sich auf Gegenstände beziehen; durch diese Namen also besitzt der Elementarsatz direkten Bezug zur Wirklichkeit. Vgl. z.B. TLP 3.202, 3.203, 3.22, 3.26 und Pitcher, S. 54f.

[41]: Vgl.: TLP 5 und 5.01.

[42]: Vgl.: Pitcher, S. 63ff und Stegmüller(5), S. 535ff und 551ff.

[43]: Schlick(2), S. 5.

[44]: Vgl.: Joergensen, S. 6 und Juhos(2), S. 27ff.

[45]: Vgl.: Hahn/Neurath/Carnap, S. 12f und Haeberli, S. 11ff.

[46]: Hahn/Neurath/Carnap, S. 28.

[47]: Schlick(2), S. 8.

[48]: Hahn/Neurath/Carnap, S. 28.

[49]: a.a.O., S. 19.

[50]: Man vgl dazu Waismann(2). Waismann führt hier Wittgensteins Idee der komplexen Sätze als Wahrheitsfunktion der Elementarsätze aus.

[51]: Hahn/Neurath/Carnap, S. 15.

[52]: a.a.O.; vgl. auch: TLP, 6.5.

[53]: Stegmüller(5), S. 346; vgl. auch: Kraft(2), S. 11f und Hahn/Neurath/Carnap, S. 17.

[54]: Vgl.: Stegmüller(5), S. 346.

[55]: Schlick(2), S. 9.

[56]: Hahn/Neurath/Carnap, S. 17.

[57]: Carnap(3).

[58]: Vgl.: a.a.O., S. 225ff.

[59]: Vgl.: a.a.O., S. 229ff.

[60]: Vgl.: a.a.O., S. 236.

[61]: a.a.O.

[62]: a.a.O., S. 238.

[63]: Als Vortrag gehalten 1929 in Prag auf der ersten Tagung für Erkenntnislehre der exakten Wissenschaften; veröffentlicht als Aufsatz: Waismann(1).

[64]: a.a.O., S. 229, Hervorhebungen von mir. Vgl. dazu auch: Waismann(3), S. 475ff. Dort will Waismann dieses Kriterium ausschließlich auf Erfahrungssätze angewendet wissen (vgl.: a.a.O., S. 475).

[65]: Vgl.: Kraft(2), S. 27 und Ayer, S. 13.

[66]: Angespielt wird dabei von Seiten des Wiener Kreises auf TLP 4.024. In G. Moores Erinnerungen hat Wittgenstein das Kriterium einmal selbst behauptet, um allerdings gleich einzuschränken, dies meine, man könne den Sinn eines Satzes bestimmen, indem man fragt, wie er denn zu verifizieren sei (vgl.: Moore, S. 266). In den Gesprächsaufzeichnungen Waismanns findet sich - unter Waismanns Überschrift "Der Sinn eines Satzes ist seine Verifikation" - dazu lediglich die Bemerkung Wittgensteins: "Nein, wenn ich den Sinn des Satzes nie vollständig verifizieren kann, dann kann ich mit dem Satz auch nichts gemeint haben. Dann heißt der Satz auch gar nichts." (Wittgenstein(3), S. 47).
Wenn also verschiedene Mitglieder des Wiener Kreises der Meinung waren, das Kriterium gehe auf Wittgenstein zurück, so muß ihnen entgegengehalten werden, daß es erstens von Wittgenstein niemals schriftlich fixiert wurde und zweitens wohl kaum der Intention des Tractatus entspricht, der ja an keiner Stelle auf Erfahrung als Basis der Erkenntnis hinweist und auch kein Beispiel für einen Elementarsatz anführt. Wenn also schon Wittgensteins Autorenschaft für die Formulierung dieses Sinnkriteriums hinreichend unsicher ist, dann erst recht dessen positivistische Interpretation. Dem stimmen neben M. Black (vgl.: Black(1), S. 171) auch die meisten Wittgensteinkenner zu: vgl.: Engelmann, S. 77f und Wuchterl/Hübner, S. 14ff. Man vgl. dazu auch Kap. 1.2.1.1.
Eine Diskussion um Wittgensteins Urheberschaft scheint sich in jüngerer Zeit lediglich auf mathematische Sätze zu beziehen: vgl.: Philosophie aktuell, 5/Dezember 1985, S. 58/59.

[67]: Vgl.: Kraft(2), S. 27.

[68]: Man vgl. u.a.: Patzig, S. 111.

[69]: Vgl.: Schnitzler, S. 53/54.

[70]: Vgl.: Kraft(2), S. 29.

[71]: Vgl. u.a.: Schlick(1), S. 433ff; Reichenbach(1) und Waismann(1).

Anmerkungen zu Kapitel 1.3.

[1]: Dies scheint auch allgemeine Anerkennung zu finden: vgl. beispielsweise Kraft(6), S. 187.

[2]: Vgl.: A, S. 109f.

[3]: Vgl.: a.a.O., S. 112ff.

[4]: Die LdF ist dabei ein Auszug aus dem urprünglich zweibändigen Werk GE, das nie vollständig veröffentlicht wurde. Erst 1979 wurden der erste Teil und Fragmente des zweiten Teiles veröffentlicht, vgl.: GE, S. XIIIf und A, S. 113-17.

[5]: Vgl.: A, S. 116f.

[6]: Vgl.: Wellmer(1), S. 24.

[7]: Vgl.:a.a.O., S. 25.

[8]: Vgl.: LdF, S. 9-11 und GE, S. 342.

[9]: LdF, S. 10.

[10]: GE, S. 281. Vgl. dazu auch Bartley(6), S. 50f und S. 63f.

[11]: Vgl.: LdF, S. 11 und OG II, S. 373f und GE, S. 281ff.

[12]: Vgl.: GE, S. 278.
Später ist Popper in dieser Beziehung vorsichtiger. In RAS schreibt er: "... the idea may be said, I suppose, to be Wittgenstein's, more or less." (RAS, S. 175 Anm.).

[13]: GE, S. 278.

[14]: GE, S. 279.

[15]: Vgl.: TLP 4.023.

[16]: Vgl.: a.a.O., 6.5.

[17]: GE, S. 280.

[18]: Vgl.: a.a.O., S. 288.

[19]: Diesen Tatbestand bemängelt - wenn auch in einer

etwas anderen Form - A. Pap, indem er meint, der "extensionale Charakter" der empirischen Sprache treffe nicht auf alle sinnvollen Sätze zu (vgl.: Pap, S. 12ff und S. 23ff). Pap hält die Aufstellung eines allgemeinen Sinnkriteriums für unmöglich, da ein solches seinen eigenen Bedingungen nicht genügen könnte (vgl.: Pap, S. 22f).

[20]: GE, S. 289.

[21]: OG II, S. 374.

[22]: LdF, S. 11.

[23]: GE, S. 286.

[24]: Vgl.: GE, S. 294-99.

[25]: CaR, S. 40. Vgl. auch: KR, S. 67f.

[26]: Vgl.: GE, S. 344.

[27]: Vgl.: GE, S. 163.

[28]: Vgl.: CaR, S. 72.

[29]: CaR, S. 73.

[30]: LdF, S. XIV.

[31]: Vgl.: A, S. 176.

[32]: Vgl.: A, S. 175-77.

[33]: Man denke dabei an Wittgenstein(1), 4.112.

[34]: Vgl.: A, S. 117.

[35]: Vgl. u.a.: TLP 4.121 und 4.021.

[36]: Vgl.: OE, S. 340.

[37]: Die Poppersche Interpretation der Tarskischen Wahrheitstheorie ist keineswegs unumstritten: vgl. Kap. 3.3., insbesondere Anm. 5; vor allem auf die Kritik von S. Haack (Haack, S. 112ff) sei hier verwiesen. Man vgl. dazu aber auch H. Keuth, insbesondere das 2. Kapitel. Keuth vertritt die Meinung, Wahrheit als Übereinstimmung von Satz und Wirklichkeit ließe sich nicht widerspruchsfrei formulieren (vgl.: Keuth, S. 195 und S.

10ff). Vgl. Tarskis eigene Ausführungen (etwa den im Literaturverzeichnis angeführten Aufsatz) und Stegmüller(1).

[38]: Vgl.: OE, S. 343ff; Magee(1), S. 27f. Wittgenstein hat meines Wissens die Idee der Metasprache im Kreise seiner Schüler stets kritisiert.

[39]: Vgl.: Wallner(1), S. 91 und Hacker, S. 146ff.

[40]: Vgl. oben, Kap. 1.2.2.3.

[41]: Vgl. oben, Anm. 65 in Kap. 1.2.1.3.

[42]: Vgl.: TLP, 4.11 und oben, Anm. 22 in Kap. 1.2.1.1.

[43]: Vgl.: Wuchterl/Hübner, S. 14.

[44]: Vgl.: oben Kap. 1.2.1.

[45]: Kraft(6), S. 185. Vgl. auch: SbW, S. 198.

[46]: a.a.O., S. 186.

[47]: Vgl.: a.a.O.

[48]: Diese Bezeichnung hört man oft von marxistisch orientierten Philosophen: man vgl. dazu: Narski, S. 435; Kahl, S. 50 und Kaiser, S. 22. Kaiser behauptet sogar, Popper hätte sein Abgrenzungskriterium nur deshalb in Gegensatz zum Sinnkriterium des Wiener Kreises gesetzt, weil er sich sonst genötigt gesehen hätte, die marxistische Gesellschaftstheorie als die am besten bestätigte anzuerkennen!
Aber auch von Seiten der Frankfurter Schule wurde Popper als Positivist bezeichnet; man vgl. dazu die Beiträge von Adorno und Habermas in: Adorno u.a.; ferner Wellmer(2), S. 16ff.
Auch bei Leinfellner treffen wir noch auf dieses Mißverständnis.: vgl.: Leinfellner, s. 20.
In anderer Weise verwendet Malherbe diese Bezeichnung für Popper. Als Merkmal dient ihm die Anerkennung des kritischen Dualismus von Werten und Tatsachen! Interessanterweise bezeichnet er die Philosophie des Wiener Kreises als Empirismus, ein Prädikat, das er Popper abspricht. Vgl.: Malherbe, S. 272ff und S. 287.

[49]: So bei Ayer, S. 14; Joergensen, S. 72; Patzig, S. 112; Pap, S. 11f; ja auch Stegmüller diskutiert diesen vermeintlichen Standpunkt Poppers recht ausführlich

(vgl.: Stegmüller(1), S. 267f), später allerdings ist seine Darstellung korrekt: vgl.: Stegmüller(3), Bd. II/1, S. 194.
Verwirrend ist in diesem Zusammenhang die Terminologie bei Kutschera: Obwohl er auf entgegengesetzte Passagen in der LdF verweist, spricht er von Poppers "empiristischen Sinnkriterium" (vgl.: Kutschera, S. 280ff).
Man vgl. dazu RC, Kap. 2-3 und Magee(1), S. 19f.

[50]: Vgl.: Kraft(6), S. 187f und Wellmer(1), S. 19f.

[51]: A, S. 121.

[52]: A, S. 110.

[53]: Auch V. Kraft hat auf die Unmöglichkeit eines Sinnkriteriums durch Rückführbarkeit auf Beobachtetes verwiesen (vgl.: Kraft(3), S. 126ff und S. 139). Ebenfalls gegen dieses Sinnkriterium argumentiert Kutschera, S. 281ff.

[54]: H. Oetjens hat in diesem Zusammenhang auf die Verwandtschaft mit Kantischem Gedankengut verwiesen: Poppers These von der "Theoriendurchtränktheit" aller Erfahrung setzt er in Parallele mit Kants Gedanken, das durch "Sinneswahrnehmung Gegebene" sei "als transzendentallogisch Rekonstruiertes" zu denken. Vgl.: Oetjens, S. 116.

[55]: LdF, S. 4.
Den Ausweg, den die Annahme eines synthetischen Urteils a priori weist, hat Popper in GE, Kap. 9-11 ausführlich kritisiert. Popper lehnt dabei synthetische Urteile a priori ab, denn zum Beweis eines solchen würde man wiederum ein synthetisches Urteil a priori benötigen (vgl.: GE, S. 69ff). Daher könne der Geltungsanspruch eines synthetisch-apriorischen Induktionsprinzips nicht gerechtfertigt werden (vgl.: GE, S. 77).
Diese Diskussion gehört aber nicht in unseren Zusammenhang, da bekanntlich der Wiener Kreis synthetische Urteile a priori ebenfalls ablehnte (vgl. dazu Hahn/Neurath/Carnap, S. 24).

[56]: Vgl.: GE, S. 37.

[57]: LdF, S. 5. Man vgl. dazu auch: Stegmüller(5), S. 399ff und O'Hear, S. 18ff.

[58]: Vgl.: GE, S. 39.

[59]: LdF, S. 7.

[60]: Vgl.: GE, S. 8.
Ähnlich wie Popper lehnt auch V. Kraft die induktive Methode zugunsten einer hypothetisch-deduktiven ab. Man vgl.: Kraft(3), S. 4ff, S. 34 und S. 257; ferner: Kraft(1), S. 52f und S. 109ff.

[61]: GE, S. 8.

[62]: LdF, S. 15.

[63]: Für diesen Zusammenhang vgl.: Schlick(1), S. 433ff.

[64]: Waismann(1), S. 228.

[65]: Vgl.: Kraft(2), S. 137-47 und Carnap: Logical Foundations of Probability, Chicago 1950.

[66]: Vgl. u.a.: GE, S. 139ff.

[67]: Vgl.: Reichenbach(1) und Reichenbach(2).

[68]: Vgl.: a.a.O. und Reichenbach(3).

[69]: Vgl.: GE, S. 138.

[70]: Popper hat sich auch recht ausführlich mit der Ereigniswahrscheinlichlkeit beschäftigt. Man vgl. dazu: LdF, S. 106ff; GE, S. 140ff. Dies soll aber für unseren Zusammenhang außer acht bleiben.

[71]: Eine Falsifikation der Hypothese würde nämlich eine Falsifikation der Aussage, die ihr ja einen positiven Wahrscheinlichkeitswert zuordnet, nach sich ziehen - ihre Geltung hängt also von der Erfahrung ab und kann daher gemäß der Wahrscheinlichkeitsposition nur wahrscheinlich sein. Vgl.: GE, S. 156.

[72]: Vgl.: GE, S. 156/57.
Die Diskussion bei Popper ist natürlich um vieles ausführlicher; vor allem verbindet er damit noch die Diskussion um den Begriff der "Bewährung", welcher gleichsam die Stelle der "Hypothesenwahrscheinlichkeit" einnehmen soll. Vgl.: GE, S. 152ff und LdF, Kap. X. Darauf hier näher einzugehen, würde allerdings zu weit von unserem Thema wegführen.
Es sei aber hier noch angemerkt, daß Carnap Popper gegen die teilweise sehr heftigen Angriffe Reichenbachs (vgl.: Reichenbach(2)) in Schutz nahm: vgl. Carnap(5).

Anmerkungen zu Kapitel 1.4.

[1]: So spricht Carnap in diesem Zusammenhang vom "Kernproblem der Wissenschaftslogik". Vgl.: Carnap(4), S. 215.

[2]: Vgl.: Stegmüller(5), S. 446.

[3]: Vgl.: Hahn/Neurath/Carnap, S. 19.

[4]: Vgl.: Kraft(2), S. 107.

[5]: Vgl.: Schnitzler, S. 15. Auf das positivistische Mißverständnis in der Deutung Wittgensteins braucht hier nicht noch einmal eigens eingegangen zu werden. Wir verweisen auf Kap. 1.3.1.4.

[6]: Kraft(2), S. 108.

[7]: Dies vertrat Carnap in: Carnap(2), S. 438.

[8]: Vgl.: a.a.O., S. 461.

[9]: Vgl.: Neurath(1).

[10]: a.a.O., S. 204.

[11]: a.a.O., S. 206.

[12]: a.a.O., S. 207.

[13]: a.a.O., S. 209.

[14]: a.a.O., S. 210.

[15]: Vgl.: a.a.O., S. 209f und S. 211.

[16]: a.a.O., S. 211.

[17]: Vgl.: a.a.O., S. 211ff.

[18]: Vgl.: Carnap(4).

[19]: a.a.O., S. 224.

[20]: Vgl.: Schnitzler, S. 20.

[21]: Carnap(4), S. 224.

[22]: Vgl.: Kraft(2), S. 109.

[23]: Schlick(4).

[24]: a.a.O., S. 96.

[25]: a.a.O., S. 97.

[26]: Vgl.: a.a.O.

[27]: Vgl.: Kraft(2), S. 113.
Auch Neurath hat dagegen Stellung bezogen, indem er Schlicks Konstatierungen den Charakter der absoluten Geltung bestritt: vgl.: Neurath(2).

[28]: LdF, S. 63.

[29]: Vgl.: LdF, S. 60.

[30]: (Anm. vom Verfasser, nicht in Poppers Text). Man vgl. dazu: LdF, S. 374ff und die ausführliche Diskussion in Oetjens, S. 118ff.

[31]: LdF, S. 61.

[32]: a.a.O. Vgl. dazu auch: Kraft(2), S. 113ff und die kritische Darstellung bei Oetjens, S. 126ff.
Oetjens lehnt Poppers Idee der "Transzendenz der Darstellung" ab (vgl.: Oetjens, S. 146); sie beruhe auf einem Mißverständnis der "gegenstandskonstitutiven Funktion" der Kategorie "Kausalität" (vgl.: a.a.O., S. 127).
Interessanterweise kommt aber V. Kraft unabhängig zu demselben Ergebnis wie Popper (vgl.: Kraft(3), S. 87ff).
Weitere Argumente gegen eine empirische Basis im Sinne absoluter Sinnesdaten hat auch P. Feyerabend geliefert (vgl.: Feyerabend(4)).

[33]: Dies gilt auch für die von Neurath entwickelte Theorie, denn auch diese verlangt von den Protokollsätzen, daß darin Wörter wie "wahrnehmen", "sehen", usw. vorkommen (vgl.: Neurath(1)). Man vgl. dazu: LdF, S. 63.

[34]: LdF, S. 63.

[35]: Vgl.: LdF, S. 66.

[36]: LdF, S. 66/67.

[37]: LdF, S. 67.
Wellmer hat gegen diese Bestimmung der Basissätze eingewendet, die Angabe der Raum-Zeit-Stelle sei überflüssig (vgl.: Wellmer(1), S. 116ff). Oetjens hat diesen Einwand in überzeugender Weise zurückgewiesen: vgl.: Oetjens, S. 109ff.

[38]: LdF, S. 68.
Zusammen mit der Falsifizierbarkeit aller wissenschaftlichen Theorien ergibt sich aus der logischen Struktur der Basissätze eine Asymmetrie zwischen Theorie und Basissatz dergestalt, daß, falls der Basissatz wahr ist, er die Theorie falsifiziert, aber niemals eine solche verifizieren kann. Man vgl. dazu: LdF, S. 40f; RAS, S. 185 und Magee(2), S. 78.
Gegen diese Asymmetrie hat B.v. Juhos argumentiert (vgl.: Juhos(1)). Aber M. Schmid hat im dritten Band derselben Zeitschrift diese Kritik in überzeugender Weise zurückgewiesen, indem er zeigte, daß Johos Falsifikation und Falsifizierbarkeit verwechselte (vgl.: Schmids Aufsatz). Hier steht Juhos allerdings nicht allein; dieser Fehler findet sich auch bei Kuhn (vgl.: Kuhn(1), S. 90 und insbesondere S. 157).
Die Tatsache, daß eine Falsifikation niemals als sicher angesehen werden kann, hat Popper wiederholt betont (vgl.: RAS, S. 186f). Man beachte auch die weitere Untersuchung, und vgl. in diesem Zusammenhang Oetjens, S. 112.

[39]: Vgl.: GE, S. 122 und auch LdF, Kap. 27.

[40]: GE, S. 127. Vgl. auch: LdF, Kap. 29-30.

[41]: So betrachtet H. Spinner Poppers Lösung als Scheinlösung, da er hier seinen Falsifikationismus durch einen Rückgriff auf einen "unreflektierten Konventionalismus" durchbrochen habe.Vgl.: Spinner(1), S. 204. Man vgl. in diesem Zusammenhang auch Lakatos(1), insbes. Kap. 2b. Dazu sei auf unsere Diskussion des Konventionalismusproblems in Kap. 2.5. verwiesen.
Wellmer versucht an dieser Stelle - künstlich - zwei gegensätzliche "wissenschaftslogische Modelle" aufzubauen und beide Popper zuzuschreiben. Er meint, die Reproduzierbarkeitsforderung stünde im Gegensatz zur konventionalistischen Einigung über einen Basissatz (vgl.: Wellmer(1), S. 118ff, insbes. S. 134f und S. 137). Dies ist aber zweifelsohne falsch, denn beide "Modelle" sind durchaus zur Deckung zu bringen: Wissenschaftler würden sich wohl kaum auf einen Basissatz einigen, der aus einem Experiment resultiert, das nur

ein einziges Mal von einem einzigen Wissenschaftler durchgeführt werden konnte - vielmehr werden es solche Sätze sein, die einen reproduzierbaren Effekt darstellen. Vgl. auch die weiteren Untersuchungen.
E. Ströker bemängelt außerdem, daß mit dem hypothetischen Charakter der Basissätze auch jede Falsifikation einer Theorie hypothetisch bleiben muß (vgl.: Ströker(1), S. 504). Dies aber hat Popper immer zugestanden - auch eine Falsifikation unterliegt seinem Fallibilismus; auch hier kann grundsätzlich ein Irrtum nicht ausgeschlossen weden (vgl.: RAS, S. 186f und unsere weiteren Erörterungen). Daher betont Popper ja die Falsifizier*barkeit* als Kennzeichen empirischer Theorien.

[42]: Vgl. dazu auch: O'Hear, S. 68ff und Stegmüller(2), S. 358ff.

[43]: LdF, S. 68.
Popper legt hier Wert auf die Feststellung daß die Rede von einem "beobachtbaren Vorgang" keineswegs einen Psychologismus impliziert, denn er hält "beobachtbarer Vorgang" durch "Bewegungsvorgang an physischen Körpern" für ersetzbar, will aber den Begriff "beobachtbar" damit nicht definieren, sondern nur erklären - Popper betrachtet diesen Begriff als undefinierten Grundbegriff (vgl.: LdF, S. 68f).

[44]: LdF, S. 19.

[45]: Vgl.: RAS, S. 186.

[46]: LdF, S. 69.

[47]: Vgl.: GE, S. 127 und LdF, S. 70.
Man denke dabei auch an die These von der "Transzendenz der Darstellung", s.o.

[48]: Vgl.: GE, S. 127.

[49]: Hier stimmt ihm - wenn auch mit einer etwas anderen Begründung - V. Kraft zu; dieser sieht nämlich durch die Festsetzung eines Satzes als Basissatz nicht dessen Inhalt berührt. Vgl.: Kraft(2), S. 118.

[50]: GE, S. 130.

[51]: a.a.O.

[52]: a.a.O., S. 129.

[53]: a.a.O.

[54]: a.a.O., S. 130.

[55]: a.a.O., S. 131.
Auch bei Lakatos finden wir den Gedanken von der Unvermeidbarkeit von Entscheidungen bei der Festsetzung des Geltungswertes von Basissätzen. Man vgl.: Lakatos(1), insbesondere S. 42.

[56]: Vgl.: LdF, S. 74.
Diesen Unterschied zum Konventionalismus akzeptiert Stegmüller nicht, denn er meint, damit seien auch die allgemeinen Hypothesen von der Festsetzung betroffen. Vgl.: Stegmüller(2), S. 361f.
Wir verweisen dazu auf das nächste Kapitel, insbesondere auf 2.5. Man vgl. aber auch: Kraft(2), S. 118.

[57]: Vgl.: LdF, S. 74.

[58]: LdF, S. 71. Vgl.: Ackermann, S. 19f.

[59]: LdF, S. 76.

[60]: GE, S. 136.

[61]: LdF, S. 76.

[62]: a.a.O.
Popper hat später die "intersubjektive Nachprüfbarkeit" durch den allgemeineren Gedanken der "intersubjektiven Kritik" (d.i.: "gegenseitige rationale Kontrolle durch kritische Diskussion") erweitert. Vgl.: LdF, S. 18 Anm; OG II, Kap. 13-14 und EdH, Kap. 32. Ferner sei auf die Kapitel 3.1. und 3.3. verwiesen.

[63]: Vgl.: GE, S.437f.

[64]: So in: GE, S. XXVII und LdF, S. 12.

[65]: Carnap(6), S. 31.

[66]: Vgl.: Kraft(6), S. 191.

[67]: Stegmüller(5), S. 409.

[68]: Vgl.: Kraft(6), S. 200.

[69]: a.a.o., S. 192.

[70]: Vgl. dazu: Michalos; Ackermann, S. 105ff und Lakatos(4), S. 315ff.

Anmerkungen zu Kapitel 2.1.

[1]: Vgl.: GE, S. 357.

[2]: LdF, S. 48.

[3]: Vgl.: GE, S. 181.

[4]: Vgl.: LdF, S. 48.

[5]: Vgl.: GE, S. 176.

[6]: Vgl.: LdF, S. 104.

[7]: Vgl.: GE, S. 213ff und auch Ströker(2), S. 83. Diesen Vorgang, Theorien durch Einführung von Hilfshypothesen wieder mit der Erfahrung in Einklang zu bringen, sie also unangreifbar zu machen, nennt Popper, nach einem Vorschlag H. Alberts, "Immunisierung". Man vgl. dazu: LdF, S. 50.

[8]: Vgl.: GE, S. 358f und Carnap(1), insbes. S. 106.

[9]: Vgl.: GE, S. 207ff.

[10]: Vgl.: GE, S. 210f. Diese Auseinandersetzung um Geometrie und Erfahrung findet sich auch in Carnap(7), S. 144ff.

[11]: Vgl.: GE, S. 216.

[12]: Vgl.: LdF, S. 48.

Anmerkungen zu Kapitel 2.2.

[1]: Vgl. u.a.: Diederich, S. 87.

[2]: Die Bezeichnung "Konventionalismus" hat allerdings Poinaré nicht gebraucht. Vgl.: Diederich, S. 13.

[3]: Hier ist anzumerken, daß in dieser Abeit nicht der

Ort ist, spezifische Fragen der Poincaré-Interpretation zu klären, wie sie etwa in der Auseinandersetzung zwischen E. Nagel und A. Grünbaum aufgeworfen worden sind. Man vgl. dazu Nagels Buch, insbesondere das 9. Kapitel; ferner: Grünbaum(2) und auch Diederich, S. 36ff.

[4]: Diederich, S. 16f.

[5]: Man vgl. etwa: Kap. 3-5 in Poincaré(1); Kap. 3-4 in Poincaré(3). Außerdem führt Poincaré - er war ja selbst ein bedeutender Mathematiker - eine rege Diskussion um die Grundlagen der Geometrie mit Russell, Couturat, Frege und anderen. Man vgl. dazu den Aufsatz Freudenthals und Diederich, S. 18ff.

[6]: Man vgl. etwa: Helmholtz, S. 77.

[7]: Poincaré(1), S. 51.

[8]: a.a.O., S. 51/52.

[9]: a.a.O., S. 52.
Grünbaum meint, im Gegensatz zu Nagel (vgl. Anm. 3), Poincaré folge hier der Einsicht Riemanns, daß der Raum selbst metrisch amorph sei, daß ihm also nicht notwendig eine bestimmte Metrik innewohne, sondern ihm die Metrik lediglich zugeschrieben werden könne; vgl.: Grünbaum(2), S. 15 und Diederich, S. 37ff.

[10]: Poincaré(1), S. 138.

[11]: a.a.O.

[12]: a.a.O.: S. 140.

[13]: Vgl.: Diederich, S. 55.

[14]: Einige Autoren lassen bei der Bezeichnung Duhems als "Konventionalist" Vorsicht walten. Vgl.: Diederich, S. 69ff.
Duhem selbst hat sich nie als solcher bezeichnet.

[15]: Duhem, S. 20.

[16]: Vgl.: a.a.O., S. 3ff und die Darstellung bei Schäfer (Schäfer(2), S. 112ff).
Man beachte dabei den Unterschied im Gebrauch des Wortes "Erklärung" bei Popper; vgl.: LdF, S. 31ff und OE, S. 213ff.

[17]: Man vgl. dazu: Duhem, S. 7ff und S. 20ff.

[18]: a.a.O., S. 22.

[19]: Vgl.: a.a.O., S. 21.

[20]: Vgl.: a.a.O., S. 22 und Schäfer(2), S. 118f.

[21]: Soweit erinnert Duhems These an Poppers Betonung des Primates der Theorie vor der Erfahrung. Vgl.: OE, S. 85; LdF, S. 72.

[22]: Man vgl. u.a.: Duhem, S. 192.

[23]: Vgl.: a.a.O., S. 245.

[24]: Diese These Duhems wurde von Quine wiederaufgegriffen. In seinem Aufsatz "Zwei Dogmen des Empirismus" (1951) heißt es: "Jede beliebige Aussage kann als wahr aufrechterhalten werden, was da auch kommen mag, wenn wir nur anderweitig in dem System ausreichend drastische Anpassungen vornehmen." (a.a.O., S. 47).
Diese These ist in der Folgezeit als "*Duhem-Quine-These*" oder "*D-These*" diskutiert worden. Dabei hat sich als Grundlage die Formulierung Ph.L. Quinns durchgesetzt, der die These in zwei Komponenten, D1 und D2, aufteilte:
"(D1) No hypothesis H which is a constituent of any scientific theory can ever be sufficiently isolated from some set of auxiliary assumptions or other so as to be separately falsifiable by observations;
(D2) For every hypothesis H, auxiliary assumtion A and observational statements O and O' such that (H & A) → O, and O', and ~ (O & O'), there is an A' such that H & A' can be held to be true and H & A' explains O'." (Quinn, S. 398).
Als Gegner dieser Hypothese hat sich vor allem A. Grünbaum hervorgetan. Man vgl. etwa: Grünbaum(1), S. 111ff und das 17. Kap. des Anhanges; ferner den Aufsatz von J.W. Swanson. Für einen Zusammenhang mit Popper sei auf Lakatos(1), S. 96ff verwiesen.

Hier soll noch auf das *Problem der Beweisbarkeit der D-These* eingegangen werden:
1. Dabei setzen wir die "semantische Stabilität" der D-These voraus - sonst würde sie, wie Grünbaum zeigte, trivialerweise gelten. Andernfalls könnte man beispielsweise die Hypothese "Brot ist giftig" durch die Verabredung, unter "Brot" das zu verstehen, was man gemeinhein unter "Arsen" versteht, retten.

2. Nehmen wir an, die D-These sei eine wissenschaftliche These. Dann wäre die Frage ihrer bisherigen Geltung an die Geschichte der Naturwissenschaften zu richten. Über ihre grundsätzliche Geltung, die ja dannauch die Zukunft miteinbeziehen müßte, könnte dann keine Aussage mehr gemacht werden. Der Beweis der D-These (Allsatz) würde am Induktionsproblem scheitern.
3. Nehmen wir an, die D-These wäre eine wissenschaftliche These (in dem Sinne, in dem "wissenschaftlich" in der Formulierung von D1 gebraucht wird). Dann behauptet D1 ihre Nichtisolierbarkeit und D2 die immer bestehende Möglichkeit ihrer Aufrechterhaltung durch Modifikation an einer andern Stelle unseres Wissens. Daraus folgt die Unbeweisbarkeit der D-These.
4. Die Formulierung Quines, die die Gültigkeit der D-These für die gesamte menschliche Erkenntnis impliziert, ergibt daher, wegen 3, ihre Unbeweisbarkeit: die D-These, auf sich selbst angewandt, impliziert ihre eigene Unwiderlegbarkeit, aber auch ihre Unbeweisbarkeit.
5. Damit folgt für die Möglichkeit der Beweisbarkeit der D-These: sie muß eine metawissenschaftliche These sein, die aber im metawissenschaftlichen, d.h. im wissenschaftstheoretischen Bereich selbst keine Geltung besitzen darf (sonst folgt mit 3. ihre Unbeweisbarkeit).
6. Eine Bewährung im Bereich der Wissenschaften ist aber wegen 1., 2. und 3. ausgeschlossen.
7. Was bleibt dann noch für die D-These? Sie könnte: a. eine These der reinen Logik und: b. eine willkürliche Festsetzung sein. Nun ist a. unmöglich, wenn man - wie Quine - an der These von der Untrennbarkeit von analytischen und synthetischen Urteilen festhält. So bleibt nur noch b. Dies impliziert ebenfalls die Unbeweisbarkeit der D-These.

Hinzuweisen bliebe noch auf die Tatsache, daß aus der Unbeweisbarkeit nicht die Widerlegung der D-These folgt. (Außerdem folgt aus Punkt 2. noch keineswegs die Plausibilität der These für die Wissenschaftsgeschichte - lediglich auf eine Konsequenz sollte hingewiesen werden.)
Es sei noch angemerkt, daß man i.a. die Behauptung von D2 Quine und nicht Duhem zuschreibt.

[25]: Duhem, S. 284.

[26]: Für eine ausführliche Diskussion dieses Punktes verweise ich auf Schäfer(2), S. 167ff.

[27]: Vgl.: Diederich; S. 73.

[28]: Man vgl. etwa: Diederich, S. 134ff.

[29]: Vgl. neben Popper: Lorenzen im Vorwort zu Dingler: Aufbau der exakten Fundamentalwissenschaft, München 1964; ferner: Scholz, S. 253 und auch Carnap(6), S. 15. Gelegentlich hat Dingler seine Position selbst als "kritischen Konventionalismus" bezeichnet. Vgl.: Dingler(2), S. 144.

[30]: Vgl. u.a.: Dingler: Die Grundlagen der angewandten Geometrie, Leipzig 1911, S. 110ff und Krampf, S. 24f.

[31]: Dingler(4), S. 74.

[32]: a.a.O.
Bei dieser Frage der Einordung Dinglers darf natürlich auch seine persönliche Entwicklung nicht übersehen werden. Es gibt nämlich Interpreten, die in Dinglers Entwicklung eine "Abkehr" vom Konventionalismus etwa um das Jahr 1925 meinen ausmachen zu können. Man vgl. etwa Diederich, S. 135.
Für uns ist hierbei von Interesse, daß Dinglers Philosophie sich eindeutig aus dem Konventionalismus herleitet, und daß er zumindest die Verwandtschaft zu Poincaréschem und zum Teil auch Duhemschem Gedankengut niemals ableugnete.

[33]: Vgl.: Dingler(9), S. 166.

[34]: Dingler(3), S. 12.

[35]: Dingler(9), S. 166.

[36]: Vgl.: Dingler(3), S. 185ff.
Besonders aufschlußreich ist für diesem Zusammenhang folgende Stelle: "Wir fanden, daß diejenigen geometrischen Bildungen (wir beschränken uns der Einfachheit halber auf das Beispiel der Geometrie, genau die analogen Ausführungen gelten natürlich auch für Zeitlehre und "reine" Naturwissenschaft), welche Kant noch auf eine von ihm nicht näher erklärte Weise als gegebene Formen unserer reinen Anschauung betrachtet wurden, durch bestimmte (früher unbewußte) Forderungen von uns definiert werden. Die Verbindung dieser Definitionen mit der Realität wird dann ... dadurch hergestellt, ... daß wir vermöge unseres unmittelbaren Verbundenseins mit der Realität solche Formen, wie sie unseren Definitionen entsprechen, in der Realität unmittebar ... her-

stellen." (a.a.O., S. 187). Dingler bezeichnet daher dies auch als ein "Herstellungsapriori" (vgl.: a.a.O., S. 188).

[37]: Vgl. dazu den Aufsatz H. Wagners.

[38]: Vgl.: Dingler(6), S. 90.

[39]: Man vgl. dazu auch: Diederich, S. 138.

[40]: Dingler(4), S. 164.

[41]: a.a.O.

[42]: Dingler(1), S. 30.

[43]: Vgl.: Dingler(8), S. 39ff und S. 145.

[44]: Vgl.: Ströker(1), S. 507.

[45]: Vgl.: Dingler(8), S. 14f.
Von vielen Interpreten wird in gleicher Weise Poppers Konventionalismuskritik als auf Dingler gemünzt aufgefaßt: vgl.: Ströker(1), S. 506ff; Diederich, S. 140ff. Es bleibt noch darauf hinzuweisen, daß die Philosophie Dinglers sich keineswegs (im Gegensatz zu Poincaré und Duhem) in seinen Ausführungen zu den Problemen der Wissenschaften erschöpft. Man vgl. dazu die Ausführungen bei Krampf. Wir haben jene also keineswegs vollständig abgehandelt.

Anmerkungen zu Kapitel 2.3.

[1]: Vgl.: LdF, S. 48 und GE, S. 219.

[2]: Vgl.: LdF, S. 48ff.

[3]: Vgl.: GE, S. 359.
Denn es ist nach Popper immer möglich, statt der "Zuordnungsdefinitionen", die den Naturgesetzen "Realbegriffe" zuordnen (Empirismus; hier können die Naturgesetze kompliziert werden), die Naturgesetze in möglichst einfacher Form als implizite Definitionen festzulegen. Dies ist nach Popper die Vorgehensweise des Konventionalismus: hier kann die Zuordnung des Systems

stellen." (a.a.O., S. 187). Dingler bezeichnet daher dies auch als ein "Herstellungsapriori" (vgl.: a.a.O., S. 188).

[37]: Vgl. dazu den Aufsatz H. Wagners.

[38]: Vgl.: Dingler(6), S. 90.

[39]: Man vgl. dazu auch: Diederich, S. 138.

[40]: Dingler(4), S. 164.

[41]: a.a.O.

[42]: Dingler(1), S. 30.

[43]: Vgl.: Dingler(8), S. 39ff und S. 145.

[44]: Vgl.: Ströker(1), S. 507.

[45]: Vgl.: Dingler(8), S. 14f.
Von vielen Interpreten wird in gleicher Weise Poppers Konventionalismuskritik als auf Dingler gemünzt aufgefaßt: vgl.: Ströker(1), S. 506ff; Diederich, S. 140ff. Es bleibt noch darauf hinzuweisen, daß die Philosophie Dinglers sich keineswegs (im Gegensatz zu Poincaré und Duhem) in seinen Ausführungen zu den Problemen der Wissenschaften erschöpft. Man vgl. dazu die Ausführungen bei Krampf. Wir haben jene also keineswegs vollständig abgehandelt.

Anmerkungen zu Kapitel 2.3.

[1]: Vgl.: LdF, S. 48 und GE, S. 219.

[2]: Vgl.: LdF, S. 48ff.

[3]: Vgl.: GE, S. 359.
Denn es ist nach Popper immer möglich, statt der "Zuordnungsdefinitionen", die den Naturgesetzen "Realbegriffe" zuordnen (Empirismus; hier können die Naturgesetze kompliziert werden), die Naturgesetze in möglichst einfacher Form als implizite Definitionen festzulegen. Dies ist nach Popper die Vorgehensweise des Konventionalismus: hier kann die Zuordnung des Systems

zur Wirklichkeit kompliziert werden (Hilfshypothesen). Diese Problematik diskutiert Popper in: GE, S. 176ff.

[4]: Vgl.: GE, S. 211.

[5]: LdF, S. 50.

[6]: a.a.O.

[7]: Diese beiden Einsichten scheint W. Henke nicht zur Kenntnis nehmen zu wollen, der überdies noch Poppers Eingeständnis der Fallibilität der Falsifikation durch den Entschluß, die konventionalistische Methode nicht anzuwenden, hintergangen sieht (vgl.: Henke, S. 11f). Dagegen ist noch einmal festzuhalten, daß der grundsätzliche Fallibilismus Poppers von seinem eben diskutierten Entschluß nicht eingeschränkt wird.

[8]: Über den Wert dieser Kritik sind Poppers eigene Aussagen widersprüchlich: in GE, S. 219 heißt, es: "Meine Ablehnung des Konventionalismus kann ich nicht damit begründen, daß er falsch ist, sondern nur damit, daß es ihm nicht gelingt, die erkenntnistheoretischen Fragen zu lösen." Dagegen heißt es am Ende des Buches, eine rationale Entscheidung zwischen verschiedenen wissenschaftlichen Zielsetzungen (also insbesondere zwischen der des Konventionalismus und der Poppers) sei unmöglich (vgl.: a.a.O., S. 394). Allerdings ist auch das nicht Poppers letztes Wort in dieser Angelegenheit; man vgl. Poppers Ausführungen zur Analyse der Konsequenzen seiner Grundsatzentscheidung für den Rationalismus in: OG II, S. 285ff; ferner Kap. 2.5. und das dritte Kapitel.

[9]: Vgl.: GE, S. 219.

[10]: Vgl.: LdF, S. 104.

[11]: Vgl.: LdF, . 98ff.
Popper schlägt als Alternative einen anderen Einfachheitsbegriff vor, indem er den Begriff der Einfachheit mit dem des Falsifizierbarkeitsgrades identifiziert. Vgl.: LdF, Kap. VII.
Da Popper die Möglichkeit, durch Einführung von Hilfshypothesen die Falsifikation eines jeden Theoriensystems zu umgehen, ausdrücklich anerkennt (vgl. u.a.: GE, S. 379) und er die Einführung derselben nicht gänzlich ablehnt, sieht er sich genötigt, seinen Entschluß gegen den Konventionalismus noch durch zwei Thesen zu untermauern, welche die Einführung von Hilfshypothesen

regeln sollen:
1. "Satz von der Abgeschlossenheit des Systems: ...
Das System der Grundsätze einer "empirischen Theorie" ist abgeschlossen, das heißt, die Einführung eines neuen theoretischen Grundsatzes (der aus dem System der Grundsätze nicht deduziert werden kann) kommt einer Falsifikation des theoretischen Systems gleich." (a.a.O.)
2. "Satz von der Beschränkung der singulären Hilfsannahmen (Ad-hoc-Hypothesen)":
(Hierzu sei allerdings angemerkt, daß Poppers Begriff von "ad-hoc-Hypothesen" in diesem Zusammenhang vom üblichen Gebrauch abweicht: er meint hier Aussagen über Irrtümer bzgl. der Randbedingungen; vgl.: GE, S. 380.)
Hier anerkennt Popper die Verwendung von Hilfshypothesen, die durch folgenden methodologischen Beschluß, der die Umgehung von Satz 1 sichern soll, im Gebrauch eingeschränkt werden: "Ad-hoc-Hypothesen sind dann und nur dann zulässig, wenn ihr nicht-allgemeiner, singulärer Charakter erweisbar ist, genauer: wenn ihre möglichen direkten Verallgemeinerungen falsifiziert sind." (a.a.O., S. 380). Man vgl. dazu auch die Beispiele, die Popper a.a.O. dazu anführt: vgl.: GE, S. 381.
Durch diese zusätzlichen methodologischen Überlegungen hält Popper den konventionalistischen Einwand gegen die Falsifizierbarkeit für "grundsätzlich überwunden". (vgl.: a.a.O.).

[12]: GE, S. 359. Man vgl. dazu auch: GE, S. 209.

Anmerkungen zu Kapitel 2.4.

[1]: Vgl. u.a.: GE, S. 379.

[2]: Dies hat auch zur Auseinandersetzung der Popperschule mit der Duhem-Quine-These geführt. Vgl.: Anmerkung 24, Kap. 2.2.

[3]: Man vgl. Ströker(1), S. 507.

[4]: Auf der andern Seite muß man natürlich auch sehen, daß Poppers bedingtes Geltenlassen gewisser Hilfshypothesen als eine - wenn auch stark eingeschränkte - "Exhaustion" gewertet werden kann. Vgl.: Anm. 11, Kap. 2.3.

[5]: LdF, S. 48.

[6]: Vgl.: Poincaré(1), S. 62ff.

[7]: Weitere Kritikpunkte an der Position Poincarés findet man in: Diederich, S. 59ff.

[8]: Vgl.: Duhem, S. 293.

[9]: Man vgl.: Schäfer(2), S. 166.

[10]: Man vgl: Duhem, S. 308ff.

[11]: Vgl.: Kap. 2.2.2. und die Darstellung in Schäfer(2), S. 172f.

[12]: Vgl.: Duhem, S. 359.

[13]: Vgl.: Duhem, S. 136 und S. 359.

[14]: Vgl. auch: Schäfer(2), S. 167-91.

[15]: Hier sei an Kap. 2.3. erinnert.

[16]: Man vgl.: Dingler(7), insbesondere S. 22; ferner den Aufsatz von Aster/Vogel und Reichenbachs Notiz in eigener Sache in: Erkenntnis, Bd. 4, 1934, S. 75-78 und die Darstellung bei Diederich, S. 138-40.

[17]: Man denke dabei an die Diskussion des Problems der Geometrie in: GE, Kap. 30.

[18]: Man vgl. neben unseren Ausführungen beispielsweise: Ströker(2), S. 87.

Anmerkungen zu Kapitel 2.5.

[1]: So zum Beispiel sein Schüler I. Lakatos; vgl.: Lakatos(1), S. 20ff; und Schäfer in: Schäfer(2), S. 63ff; oder - wenn auch nur bedingt - Ströker in: Ströker(3), S. 385.
Auch Wellmer spricht von einer "konventionalistischen Strategie" Poppers (vgl.: Wellmer(1), S. 97ff). Seine Kritik ist indessen etwas anders gelagert: er verkennt bei Popper den Begründungszusammenhang zwischen Metho-

dologie und Wissenschaftstheorie und meint außerdem, der normative Geltungsanspruch von Poppers Methodologie sei von "einem deskritptiven Geltungsanspruch nicht zu trennen" (a.a.O., S. 99 - man vgl. dazu aber LdF, S. 22ff und S. 26). Daher spricht er von einem "blinden Dezisionismus" Poppers (a.a.O., S. 157). Dies allerdings wurde bereits von Schäfer überzeugend zurückgewiesen (man vgl.: Schäfer(2), S. 61 Anm.) und ebenso von Ströker (vgl.: Ströker(3), S. 392). Auch Oetjens hat versucht, Popper gegen Wellmer zu verteidigen (vgl.: S. 62ff), merkt aber - und dies wohl zu recht - an, daß Poppers bisweilen etwas leichtfertige Art, formale Logik im Hinblick auf erkenntnistheoretische Fragestellungen "zu verabsolutieren", Mißverständnissen Vorschub leistet (vgl.: a.a.O., S. 67).

[2]: So zum Beispiel Stegmüller(2), S. 361f.

[3]: Bei Ströker finden wir noch einen dritten Punkt: Poppers Entscheidung für den Rationalismus; vgl.: Ströker(3), S. 385. Diesen Punkt wollen wir allerdings hier noch ausklammern, da er im dritten Kapitel in aller Ausführlichkeit behandelt wird.

[4]: Außerdem finden wir ja bei Duhem zur Begründung der Wissenschaft letzten Endes "moralische Appelle" an den einzelnen Wissenschaftler, die in gewisser Weise Poppers Entscheidung für den Rationalismus ähneln. Man vgl.: Duhem, S. 293 und Schäfer(2), S. 166. Aber ich verweise auch auf die Kritik an Duhem in Kap 2.4.

[5]: Vgl.: Ströker(3), S. 387ffr und Ströker(2), S. 98/99.

[6]: So argumentiert, Wellmers Gedanken aufgreifend, Carvalho. Vgl. z.B. S. 180/81.

[7]: Ströker(3), S. 391. Man vgl. dazu die Aussage Poppers: "Tatsachen als solche haben keinen Sinn, sie können einen Sinn nur durch unsere Entscheidung erhalten." (OG II, S. 345).

[8]: a.a.O., S. 388.

[9]: Man vgl. beispielsweise: GE, S. XXIX.

[10]: Wie dies auch Ströker feststellt: vgl.: Ströker(3), S. 392.

[11]: Diesen Vorschlagscharakter haben wir bereits beim

Abgrenzungskriterium betont (für den Zusammenhang von Abgenzungskriterium und methodologischen Regeln vgl.: LdF, S. 26) - er gilt für alle methodologischen Regeln: man vgl.: LdF, S. 22ff. Diese sind aber keineswegs analytische Sätze, wie Carnap meinte (vgl.: Carnap(5), S. 293).

[12]: Man vgl.: Ströker(3), S. 392f und LdF, S. 22f uns S. 26.

[13]: LdF, S. 26.

[14]: Man vgl.: OG II, Kap. 13-14 und FST; EdH, Kap. 32 und CaR, insbes. Kap. 1 und 10 und auch die später hinzugefügte Fußnote in LdF, S. 18. Außerdem vgl. man die Kap. 3.1. und 3.3.
Die Prinzipien, die eine rationale Diskussion regeln sollen, nennt Popper neuerdings "ethische Prinzipien" (vgl.: SbW, S. 225f). Man vgl. dazu auch: Ströker(2), S. 112ff. Außerdem sei auf Kapitel 3.5.1. verwiesen.
Oetjens dagegen bleibt in dieser Frage bei Poppers Aussagen in der LdF stehen und zieht nicht dessen Weiterentwicklung in den eben angeführten Schriften in Betracht (vgl.: Oetjens, S. 62).

[15]: LdF, S. 23. Man vgl. dazu auch: Oetjens, S. 61.

[16]: Vgl.: LdF, S. 18; LdS, S. 112 und OG II, S. 26-75.

[17]: So etwa Schäfer(2), S. 20.

[18]: Ströker(3), S. 394.

[19]: a.a.O., S. 394/95.

[20]: Vgl. dazu: Ströker(2), S. 81.

[21]: Das Faktum, daß zur Popperschen Methodologie eine Entscheidung gehört, scheinen mir Berkson und Wettersten ungenügend berücksichtigt zu haben, wenn sie argumentieren, Poppers methodologische Vorschriften beruhten auf seiner "Psychologie". Vgl.: a.a.O., insbes. S. 109ff.

[22]: GE, S. 394.

[23]: a.a.O., S. 395.

[24]: Man vgl.: OG II, Kap. 14 und unser Kap. 3, das ganz diesem Thema gewidmet ist.

[25]: Vgl.: a.a.O.

[26]: Auch Strökers Verweis auf erkenntnistheoretische Überlegungen Poppers helfen hier nicht, da ja dazu bereits ein Begriff von Wissenschaft vorausgesetzt ist, s.o.

Anmerkungen zu Kapitel 3.1.

[1]: So unterscheidet Lakatos drei verschiedene Popper, nämlich $Popper_0$, $Popper_1$ und $Popper_2$, die die verschiedenen Phasen in Poppers Schaffen kennzeichnen sollen (vgl.: Lakatos(1), S. 92ff). Man vgl. dazu aber auch Johansson, der diese Einteilung relativiert (vgl.: a.a.O., S. 1f).
Auch bei Spinner finden wir Hinweise auf Entwicklungsphasen der Popperschen Philosophie, vgl.: Spinner(1), S. 200ff.

[2]: Vgl.: EdH, S. VIIf und A, S. 166ff.

[3]: Vgl.: A, S. 162 und S. 169.

[4]: A, S. 163.

[5]: A, S. 163f.

[6]: a.a.O.

[7]: Popper hat dies auch so dargestellt in RPD, S. 98ff.

[8]: Vgl. dazu auch die neu hinzugefügte Fußnote in: LdF, S. 18.

[9]: Den Gedanken der Kritisierbarkeit metaphysischer Theorien hat Popper später noch ausführlich behandelt: man vgl. etwa die Kap. 2, 4, 8, in CaR und auch ZO, S. 72.

[10]: Vgl. u.a.: EdH, S. 66ff und S. 106; OG II, S. 163f und S. 272.

[11]: Vgl.: OG II, S. 267f.

[12]: Vgl.: a.a.O., S. 267.

[13]: EdH, S. 121.

[14]: a.a.O.
Später hat Popper durch seine "Drei-Welten-Lehre" seinen Begriff von Objektivität wiederum um einige Aspekte erweitert: neben der Bedingung für die Intersubjektivität der Kritik tritt nun noch eine "ontologische" Basis. Objektive Erkenntnisse sind nun Elemente seiner Welt 3. Vgl.: OE.

[15]: EdH, S. X.

Anmerkungen zu Kapitel 3.2.

[1]: Man vgl. dazu auch: Spinner(2), S. 4ff und Wilkins, S. 201ff.
Es erscheint mir notwendig, an dieser Stelle darauf hinzuweisen, daß eine Unterscheidung zwischen den Begriffen "Norm" und "Wert" für unsere Belange, ähnlich wie bei Popper, nicht vorgenommen zu werden braucht. Wenn im Folgenden von "Entscheidungen" die Rede sein wird, so heißt dies: Entscheidungen für bestimmte Werte.

[2]: Vgl. u.a.: OG II, S. 110.

[3]: Vgl.: a.a.O., S. 92f.

[4]: a.a.O., S. 92.

[5]: a.a.O., S. 92.

[6]: Vgl.: a.a.O.

[7]: Vgl.: a.a.O., S. 94.

[8]: a.a.O., S. 96.

[9]: Vgl.: a.a.O.
Hier ist auch auf die interessante Diskussion eines Husserlschen Beispiels ("Ein Krieger soll tapfer sein", vgl.: Husserliana, Bd. XVII, Logische Untersuchungen, § 14) bei Funke zu verweisen; vgl.: Funke(2), Kap. V. Funke zeigt nämlich hier, daß bei einem solchen Schluß ein Imperativ - "Das Gute soll siegen" - Voraussetzung ist: aus Tatsachen, deskriptiven Sätzen, läßt sich kein Imperativ folgern. Vgl. dazu auch R. Hare in Anm. 14.

[10]: Man vgl. auch: Witschel, S. 19ff.

[11]: Vgl. dazu: OG II, S. 98ff.

[12]: Vgl.: D. Hume: Untersuchungen über die Prinzipien der Moral, Buch III, AbschnittI 1; I.

[13]: Man vgl. dazu: Kant: Grundlagen zur Metaphysik der Sitten, in: Werke 3(Akademieausgabe), insbes. den zweiten Abschnitt.
Der Dualismus von Sein und Sollen begegnet uns auch in der Geschichtsphilosophie Kants, wo der Gedanke an den Fortschritt der Menschheit zum Besseren hin auf dem

Gebiet der Tatsachen aufgegeben und in das der praktischen Vernunft verwiesen wird. Man vgl. dazu: Kant: Der Streit der Fakultäten, zweiter Abschnitt: Erneuerte Frage: Ob das menschliche Geschlecht im beständigen Fortschreiten zum Besseren begriffen sei?
Mit diesem Problem beschäftigt sich auch Hahn, insbes. S. 217.

[14]: Vgl.: Hare, S. 49ff, wo er, um eine "Logik der Imperative" zu ermöglichen, fordert, daß mindestens eine der Prämissen einer Konklusion, die zu einem Imperativ führen soll, selbst ein Imperativ sein muß - eine Ableitung eines Imperativs aus rein deduktivistischen Sätzen hält Hare für unmöglich.

[15]: Man vgl. etwa: Midgley, insbes. chap. 9, S. 177ff.

[16]: Die Auseinandersetzung mit dem Grundlagenproblem bei Popper und seinen Schülern findet sich in einem kurzen Abriß auch dargestellt bei Bartley. Vgl.: Bartley(5), S. 122.

[17]: Vgl.: OG II, S. 275.

[18]: a.a.O., S. 276f.

[19]: a.a.O., S. 278.

[20]: a.a.O., S. 278f.

[21]: Vgl.: a.a.O., S. 279. Daran hält Popper auch später fest, vgl.: ZO, S. 102f.

[22]: Vgl.: a.a.O., S. 280.

[23]: Man vgl.: Kap. 3.5.3. und 3.6.

[24]: Vgl.: a.a.O., S. 281.

[25]: a.a.O., S. 282.

[26]: a.a.O.

[27]: ALbert(1), S. 13.
Man vgl. dazu aber auch das ganze erste Kapitel und das später hinzugefügte Nachwort des Buches. Einen ähnlichen Gedankengang hatte bereits Popper in GE, S. 120ff entwickelt.
Zu dieser Problematik vgl. man auch: Funke(2), 1. Kap.

[28]: Man vgl. u.a.: Bartley(1), insbes. Kap.V.
Das Ziel, den Zusammenbruch des "Begründungsdenkens" zu demonstrieren, verfolgte Popper dann auch in seinem Aufsatz "On the Sources of Knowledge and of Ignorance" (in: CaR, S. 3ff). In der Popperschule wurde dieser Tatbestand gemeinhin dem kritischen Rationalismus als Vorzug zugerechnet, da der fallibilistische Kritizismus als eine Konsequenz aus dem Scheitern des klassischen Begründungsdenkens anzusehen sei. Man vgl. dazu beispielsweise: Spinner(1), S. 10-56; Lakatos(1), S. 9ff; Magee(1), S. 18ff; Watkins: Die Poppersche Analyse der wissenschaftlichen Erkenntnis, in: Radnitzky/Andersson, S. 27ff.

[29]: OG II, S. 284.
Man vgl dazu aber auch die Ausführungen Funkes, der diesen Punkt treffend als eine "(Gemüts- und Willens-) Zuwendung" beschreibt, als eine "Stellungnahme, die eine Wertnahme ist und den Glauben an die wissenschaftliche Vernunft enthält." (vgl.: Funke(1), S. 22).

[30]: OG II, S. 285.
Man vgl. auch Funkes Charakterisierung als "Wertnahme", vgl.: Anm. 29.

[31]: Vgl.: OG II, S. 285ff.

[32]: Es sei hier noch einmal daran erinnert, daß im Verlaufe dieser Untersuchung Poppers Begriff des Irrationalismus einer Kritik unterzogen werden wird; man vgl. insbes. Kap. 3.5.3.

[33]: a.a.O., S. 289.

[34]: a.a.O., S. 291.

[35]: a.a.O., S. 296.

Diese Kapitel zeigt deutlich, daß keine Rede davon sein kann, Popper habe den Vernunftbegriff undiskutiert übernommen, wie es bei Hülsmann heißt. Vgl.: Hülsmann, S. 79ff.

[36]: Vgl.: Kap. 3.1.

[37]: OG II; s. 293.
"Rationalismus" steht hier für seine eigene Position.

[38]: Dazu wird noch einiges zu sagen sein, vgl.: Kap. 3.5.1., 3.5.3. und 3.6.

[39]: CaR, S. 357.

[40]: Vgl.: das Interview mit Popper in: Deutsche Zeitung vom 2.1.1976, S. 9, wo er ausdrücklich feststellt: "Auch der kritische Rationalismus hat seine Grenzen. Er hat seine Grenzen im Ethischen."
Auch in seinem neuen Buch, SbW, betont Popper, daß die Prinzipien, die eine rationale Diskussion ermöglichen, ethische Prinzipien sind, daß somit also der Wissenschaft ethische Prinzipien zugrunde liegen. Vgl.: a.a.O., S. 225f.

[41]: GE, S. 395.

Anmerkungen zu Kapitel 3.3.

[1]: Vgl. die drei Bände RAS, OU, QT.

[2]: Vgl.: FST.

[3]: Man vgl. insbes.: CaR, Kap. 8 und 11; QT, chap. IV und Spinner(1), S. 200ff.

[4]: Dieser Punkt der Popperschen Philosophie ist häufig kritisiert worden; man vgl. u.a. die Aufsätze von Miller und Harris, sowie das 4. Kapitel in Keuth. Denn es ist keineswegs unmittelbar einleuchtend, daß sich der Gedanke der Fallibilität unserer Erkenntnis mit dem der Annäherung an die Wahrheit verträgt. Einleuchtender ist es da schon, wenn man - wie Lakatos - Reihen von Theorien untersucht; vgl.: Lakatos(1), S. 31ff.

[5]: Man vgl. dazu etwa: FST und CaR, Kap 10, aber auch A, S. 204ff und OE, S. 347ff; ferner die Darsstellung bei Ackermann, S. 87ff und bei O'Hear, S. 47ff und bei Schreiber, S. 169-95.
Es ist dies einer der kontroversesten Punkte in Poppers Philosophie; man vgl. etwa die Kritik in Kuhn(1), S. 216ff, Keuth, S. 112-52, Haack, S. 112ff und Seebohm, S. 141.
Dabei dreht es sich in der Hauptsache um die Frage, ob Popper Tarski richtig deutet. Eine gewisse Stütze erfährt Popper durch Tarskis Äußerungen in seinem Aufsatz "Die semantische Konzeption der Wahrheit und die Grundlagen der Semantik" aus dem Jahr 1944: "Wir möchten,

daß diese Definition den Intentionen der klassischen aristotelischen Konzeption der Wahrheit gerecht wird ... Wenn wir uns der modernen philosophischen Terminologie anpassen wollten, könnten wir diese Konzeption vielleicht durch die bekannte Formulierung ausdrücken: Die Wahrheit einer Aussage besteht in ihrer Übereinstimmung (oder Korrespondenz) mit der Wirklichkeit (Für eine Theorie der Wahrheit, die auf der zweiten Formulierung basiert, ist der Term "Korrespondenztheorie" vorgeschlagen worden)." (a.a.O., S. 142/43).
Ferner sei noch auf die Tatsache verwiesen, daß Popper nie behauptet hat, Tarski habe diese Korrespondenztheorie vertreten, sondern lediglich, er habe sie rehabilitiert. Popper macht deutlich, daß er nicht Tarski wiederholt, sondern eine Interpretation liefert, die an Tarski anknüpft.

[6]: Vgl. z.B.: IG, S. 56ff und RC, S. 1055ff. Ferner: Wilkins, S. 176ff. Ackermann, S. 129ff und Watkins(4).

[7]: Man vgl.: OE und IG, das erste Kap. aus SbW und A, S. 243ff.

[8]: Vgl.: FST, S. 383ff; A, S. 282ff und SbW, S. 106.

Anmerkungen zu Kapitel 3.4.

[1]: Da wäre zunächst die Fußnote in:FST, S. 369, wo Popper Bartleys Verdienste um die Verbesserung des 14. Kapitels seiner OG II, welches wir gerade diskutieren, hervorhebt. Außerdem könnten Poppers Äußerungen in RAS, S. 18-22 und S. 27-30 als Zustimmung zu Bartleys Ideen ausgelegt werden (insbesondere: "His views are striking in themselves", S. 18). Allerdings legt Popper darauf Wert, daß seine Bemerkungen (gemeint sind die in RAS) sich nicht auf Bartleys Schriften beziehen, sondern lediglich auf die Diskussion mit diesem. Überdies verweist Popper hier nur im Zusammenhang mit dem Übergang vom "Rechtfertigungsdenken" zum Kritizismus (vgl.: Kap. 3.2.2., insbes. Anm. 28) auf Bartley - dessen "pankritischer Rationalismus" wird nicht erwähnt.
Ganz eindeutig heißt es aber dann bei Lakatos: "In den frühen 60er Jahren übernahm Popper Bartleys umfassend kritischen (pankritischen) Rationalismus." (vgl.: Lakatos(2), S. 155 Anm.).

Außerdem finden sich in Alberts Schriften Hinweise, die den Bartleyschen Ansatz als integralen Bestandteil der Popperschen Philosophie ansehen, so z.B. in seinem Aufsatz Albert(3), S. 291ff und in Albert(6), S. 121ff. In derselben Weise äußern sich Spinner (vgl.: Spinner(2), S. 223), Wettersten (vgl.: S. 202) und T. Settle (vgl.: S. 113).

[2]: Vgl.: Bartley(4), S. 85ff und Bartley(3). Interessanterweise ist der Aufsatz Bartley(4) in weiten Teilen Bartley(2) gleich - die wichtigste Änderung, die Bartley vornahm, war die Kritik an Popper!

[3]: Bartley(4), S. 67.

[4]: Vgl.: a.a.O., S. 67f, Bartley(1), S. 98ff und Bartley(2), S. 71f.

[5]: Vgl.: Bartley(4), S. 69 und Bartley(5), S. 135.

[6]: Vgl.: Bartley(4), S. 71f und Bartley(1), S. 106.

[7]: Vgl.: Bartley(1), S. 115 und Bartley(2), S. 9.

[8]: Vgl.: Bartley(1), S. 143ff.

[9]: Vgl.: a.a.O., S. 148ff.

[10]: Bartley(4), S. 98. Vgl.: Bartley(5), S. 157ff.

[11]: Vgl.: Bartley(4), S. 98ff und Bartley(1), S. 160ff, ferner: Bartley(2), S. 29ff.

[12]: Vgl.: Bartley(4), S. 100.

[13]: Bartley(1), S. 183.
Man vgl. dazu aber auch die interessante Diskussion in Albert(6), S. 83ffund den interessanten Aufsatz H. Lenks, in dem dieser die These vertritt, für jedes rationale Kritisieren gäbe es "logische Kernregeln" (beispielsweise das Prinzip vom auszuschließenden Widerspruch), die man nur verwerfen könne, indem ma sie anwende (vgl.: a.a.O., S. 202f). Das Aufgeben dieser Regeln käme der Aufgabe der Institution der Kritik gleich (vgl.: a.a.O., S. 204).

[14]: Vgl.: Bartley(1), S. 157ff und Bartley(2).

[15]: Vgl.: Bartley(3) und Bartley(4), Insbesondere,S. 85f.

In jüngster Zeit formuliert Bartley in dieser Hinsicht etwas zurückhaltender (vgl.: Bartley(5), insbes., S. 146ff) Trotzdem bleibt er bei der Feststellung: "Despite these alternations, Popper's earlier fideistic approach has so far been corrected in a patchwork manner, dropping some of the old notions, but retaining the old terminologie ... and the old slogans."(a.a.O., S. 148). Ferner betont er auch weiterhin die Differenz seiner Position zum kritischen Rationalismus (vgl.: a.a.O., S. 158).

[16]: Bartley(3), S. 64. Man vgl. auch Bartleys vorsichtige Äußerung in Bartley(5), S. 192ff. In der Sache aber bleibt er bei seiner Kritik, vgl.: a.a.O., S. 193f und S. 201.

[17]: Bartley(4), S. 86.

[18]: Vgl.:a.a.O.

[19]: Man vgl. etwa: Albert(1), S. 1-47 und S. 73-79 und insbes. S. 197f; Albert(6), S. 111ff. Man vgl. auch Anm. 1 in diesem Kapitel.
Trotzdem scheint Albert an der Entscheidung als Grundvoraussetzung für Rationalität festhalten zu wollen. Vgl.: Albert(5), S. 159ff.

[20]: Vgl.: Musgrave, insbes. S. 85ff.

[21]: Vgl.: Watkins(1) und Watkins(2).

[22]: Vgl.: Watkins(3), S. 61.

[23]: Die Kritik Henkes an Albert ist also in der Hauptsache auf Bartley zu beziehen, dessen Positon Albert aber großenteils übernommen hat (vgl.: Henke, S. 21ff; Bartley(5), S. 122 und Kap. 3.8.).

[24]: Dies ist - verkürzt - Watkins Gedankengang. Vgl.: Anm. 21 in diesem Kapitel.

[25]: Daran scheitert übrigens auch H. Küngs Versuch, der, Poppers kritischen Rationalismus ablehnend, meint, das aller Rationalität zugrundeliegende "Grundvertrauen zur Wirklichkeit" zeichne sich durch eine "innere Rationalität", als ein "von der Wirklichkeit selbst begründetes und somit von der Vernunft gerechtfertigtes Vertrauen" aus. Es dürfte nämlich klar sein, daß hier wiederum Rationalität - wie schon im Falle Bartleys - für etwas, ihr selbst zugrunde liegendes, in Anspruch

genommen wurde (vgl.: Küng, S. 497ff).
Craemer moniert außerdem noch, mit der Unkritisierbarkeit der Logik (die Bartley behauptet), sei ein Residuum der Letztbegründung in der Konzeption des pankritischen Rationalismus zu finden (vgl.: a.a.O., S. 60ff). Dies allerdings trifft die Sache nicht, denn wie man bei Bartley nachlesen kann (Bartley(1), S. 182ff), ist der Begriff der Logik mit dem der Kritik "analytisch gekoppelt": wenn man Kritik zuläßt, dann notwendigerweise auch die Logik!

[26]: Hier sei noch auf H. Pilot hingewiesen, der nach der Untersuchung von Bartleys Position diese der Erkenntnisskepsis zuordnet und als "folgenlos" ansieht, vgl.: a.a.O., S. 13ff und insbes. S. 20.

[27]: Vgl.: Spinner(1), S. 205ff.

Anmerkungen zu Kapitel 3.5.

[1]: Beide Begriffe entstammen hier Poppers Terminologie! Vgl.: Kap. 3.2.2.

[2]: Eine moralische Entscheidung und keine psychologische Theorie, wie Berkson und Wettersten uns glauben machen wollen; vgl.: a.a.O., S. 95ff und S. 109f.

[3]: Vgl.: I.

[4]: Auf einen Widerspruch in Poppers Gebrauch des Begriffes "Wert" sei hier noch hingewiesen: in seiner OG erklärt er alle Normen für Menschenwerk (vgl.: OG I, S. 96); später behauptet er, daß gewisse Werte unabhängig vom menschlichen Bewußtsein in die Welt getreten seien (vgl.: A, S. 284) - trotzdem bleibt er aber bei der Anerkennung des Dualismus von Werten und Tatsachen (vgl.: A, S. 283).

[5]: Es dürfte klar sein, daß unsere Diskussion um den Begriff "Wert" nicht so ausführlich sein kann, wie bei J.E. Heyde. Auch er unterscheidet nämlich zwischen Wert I und Wert II, freilich in anderer Weise: mit Wert I bezeichnet Heyde den Objektwert, mit Wert II das Wertobjekt (verstanden als Objekt + Objektwert). Unsere

Untersuchungen, die unabhängig von den Objekten geführt wird, betrifft also *ausschließlich* den Objektwert, also Wert I in der Heydeschen Terminologie! Man vgl. dazu Heyde, S. 22ff. Auch seine Unterscheidung zwischen objektiven und subjektiven Werten trifft meine Unterscheidung nicht ganz, man vgl.: Anm. 8 in diesem Kapitel.

[6]: Man vgl. u.a.: LdS, S. 114.

[7]: Hierzu zählen zweifelsohne auch Weingartens kritisierbare Wertaussagen, wie er sie in seinem Aufsatz entwickelt. Man vgl.: a.a.O., insbes. S. 45f.

[8]: Es darf allerdings bei der Einteilung in $Werte_1$ und $Werte_2$ nicht übersehen werden, daß es in manchen Fällen *Sache des Standpuktes des Beurteilenden* ist, wohin ein vorliegender Wert nun gehört.
So sind beispielweise für Popper die drei "ethischen Prinzipien", die "jeder rationalen Diskussion zugrunde liegen" - nämlich das Prinzip der Fehlbarkeit, das der "vernünftigen Diskussion" und das der "Annäherung an die Wahrheit" (vgl.: SbW, S. 225) - natürlich Werte, über die innerhalb des kritischen Rationalismus nicht diskutiert werden kann: somit wären sie für einen kritischen Rationalisten $Werte_1$. Allerdings könnte man von einer andern rationalen Position als der des kritischen Rationalismus, einer Position, die für sich andere Normen einer rationalen Diskussion geltend macht, über Poppers Prinzipien diskutieren. Für diese Position wären die erwähnten Prinzipien also $Werte_2$. Die Frage der Zugehörigkeit zu $Werte_1$ oder $Werte_2$ ist also bisweilen relativ zu dem zugrundegelegten Standpunkt, aber immer entscheidbar.

[9]: Vgl. u.a.. OG II, S. 283ff

[10]: Vgl.: Adorno u.a.
H. Spinner sieht im "Positivismusstreit" den Wendepunkt des kritischen Rationalismus zur "Weltorientierung", womit er - was den deutschen "Ableger" des kritischen Rationalismus mit Albert an der Spitze angeht - wohl so unrecht nicht hat. Vgl.: Spinner(4), S. 69ff und unser Kap. 3.8.

[11]: Allerdings verteidigte Albert dabei nicht immer nur die Poppersche Position, sondern auch seine eigene Weiterentwicklung; außerdem scheint Albert Bartleys pankritischen Rationalismus als integralen Bestandteil des kritischen Rationalismus aufzufassen, vgl.: Albert(6),

S. 122 und Kap. 3.4., Anm. 19.

[12]: Außerdem sei darauf verwiesen, daß auf die Kritik von seiten der Frankfurter Schule (die A. Wellmer ausführlich darstellte, vgl.: Wellmer(1)) bereits an mehreren Stellen dieser Arbeit eingegangen wurde. Man vgl. dazu: Kap. 1.3., Anm. 48; Kap. 1.4., Anm. 37 und Anm. 41; Kap. 2.5., insbes. Anm. 1.

[13]: Vgl.: Habermas(2) und Habermas(3).

[14]: Vgl. auch: Wellmer(1) und Wellmer(2); Adornos Einleitung zu Adorno u.a.

[15]: Merkwürdigerweise bezeichnete auch P. Feyerabend Popper kürzlich als Positivist (vgl.: Feyerabend(2), S. 348).

[16]: Man lese dazu das Vorwort zur ersten englischen Ausgabe der LdF.

[17]: Vgl.: Adorno: Zur Logik der Sozialwissenschaften, in: Adorno u.a., S. 125ff; hier: S. 139.

[18]: Habermas(3), S. 171.

[19]: Habermas(2), S. 255.

[20]: Vgl.: Habermas(3), S. 179ff.

[21]: Auf dieses Mißverständnis hat schon Albert hingewiesen, vgl.: Albert(2), S. 214.

[22]: Habermas(3), S. 173f.

[23]: Vgl.: Habermas(3), S. 175 und Habermas(1), S. 22.

[24]: Vgl.: Kap. 3.2.2.

[25]: Eine ausführliche Darstellung der Kontroverse zwischen beiden Positionen, die sich nicht nur auf den für uns relevanten Zusammenhang beschränkt, findet sich bei Yamawaki.

[26]: Apel, S. 327.

[27]: Vgl.: Apel, S. 327f.

[28]: Vgl.: a.a.O., S. 328f.

[29]: a.a.O., S. 329.

[30]: a.a.O.

[31]: a.a.O., S. 413.

[32]: Man vgl. auch Kap. 3.5.3.

[33]: Albert(6), S. 139.

[34]: Vgl.: Ströker(3).
Es sei hier auch ausdrücklich darauf hingewiesen, daß an dieser Stelle nur Strökers Kritik an Poppers Behandlung des Grundlagenproblems besprochen wird. Weitere Kritikpunkte Strökers wurden bereits an anderer Stelle behandelt, man vgl.: Kap. 2.5.

[35]: Vgl.: a.a.O., S. 397.

[36]: Ströker(1), S. 115.

[37]: Ströker(3), S. 398.

[38]: Vgl.: a.a.O.
Hier ist Ströker zuzustimmen, der "fundamentale Rationalismus", Poppers Entscheidung zum Rationalismus, ist vom Fallibilismus ausgenommen. Vgl.: Kap. 3.5.1., 3.5.3. und 3.6.

[39]: Vgl.: OG II, S. 284.

[40]: Vgl.: a.a.O., S. 280.

[41]: Poppers Vorgehen, Whitehead und Toynbee als Vertreter des "gegenwärtigen Irrationalismus" zu kritisieren, bedarf einer Erläuterung:
Mit A.N. Whitehead kritisiert Popper nicht den Mathematiker und Logiker, der zusammen mit B. Russll die "Prin cipia Mathematica" verfaßte, sondern den Metaphysiker und "Prozeß-Philosophen Whitehead mit seinem Buch "Process and Reality" (dt.: Prozeß und Realität, Frankfurt 1979), worin dieser, ausgehend von de Feststellung, daß es keine "rohen Tatsachen" gäbe, die Wissenschaft also auf das Denken angewiesen sei, zu dem Schluß kommt, daß das Verständnis der Tatsachen eine "metaphysische Interpretation" erfordere (vgl.: OG II, S. 306) und dann zur Aufstellung "scheinbarer Selbstwidersprüche" wie: "Es ist ebenso wahr, daß Gott eines ist und die Welt vieles, als daß die Welt eines ist und Gott vieles." (vgl.: Whitehead, a.a.O., S. 492 und OG

II, S. 308) gelangt.
Bei A.J. Toynbee ("A Study of History") kritisiert Popper nicht den verdienstvollen Historiker, sondern den Vertreter des "Historismus" bzw. "historischen Relativismus" (vgl.: OG II, S. 314/315), der Argumente nicht ernst nimmt (vgl.: a.a.O., S. 310), Philosophien nur vom Standpunkt ihres historischen Entstehens betrachtet (vgl.: a.as.O., S. 314) und die Bezogenheit eines jeden Denkens auf die besonderen Umstände der Zeit als ein Gesetz der menschlichen Natur zu seinem Ausgangspunkt nimmt (vgl.: a.a.O., S. 315). Popper weist in diesem Zusammenhang darauf hin, daß die Position des Historismus, auf ihn selbst angewendet (und damit als historisches Produkt verstanden), sich selbst aufhebt (vgl.: OG II, S. 316).

[42]: Dies trifft auch W. Stegmüllers Terminologie, der von einer "vorrationalen Urentscheidung" als der "Fundamentalen Voraussetzung" der Denktätigkeit schreibt. Vgl.: Stegmüller(2), S. 1.

[43]: Vgl.: OG II, S. 119.

[44]: Man vgl. dazu auch die Ausführungen in Kapitel 3.6. Daher trifft auch die Kritik Küngs ins Leere, der Popper in diesem Zusammenhang mangelnde Rationalität vorwirft. Vgl.: Küng, S. 487ff.

[45]: Dies hat auch H. Spinner ganz richtig gesehen, wenn er schreibt, der "aufgeklärte Dezisionismus" sei nur im Rahmen eines kritischen Dualismus möglich. Vgl.: Spinner(2), S. 9.

[46]: Vgl.: Kap. 3.6.

[47]: Welche allein schon der Gebrauch einer allgemeinverständlichen Sprache impliziert, vgl.: Kap. 3.6. So etwas hatte wohl auch Ströker vermutet, vgl.: Kap. 3.5.2.3.

[48]: Vgl. u.a.: Spinner(4), S. 105.

Anmerkungen zu Kapitel 3.6.

[1]: Man vgl. zu dieser Problematik: Black(2), S. 11ff.

[2]: Man vgl. etwa: Wittgenstein(1), 5.6.-5.62.

[3]: Gemeint ist TLP 6.54: "Meine Sätze erläutern dadurch, daß sie der, welcher mich versteht, am Ende als unsinnig erkennt, wenn er durch sie - auf ihnen - über sie hinaufgestiegen ist. (Er muß sozusagen die Leiter wegwerfen, nachdem er auf ihr hinaufgestiegen ist.).".

[4]: Auch Popper wurde schon als "Irrationalist" bezeichnet. Vgl.: Stove.

[5]: Vgl.: Feyerabend(5), S. 13 und S. 20.

[6]: Vgl.: a.a.O., S. 14ff.
Feyerabend stützt sich dabei vielfach auf Kuhns Untersuchungen. Kuhn selbst aber verwahrt sich gegen den Vorwurf, die Wissenschaften seien gemäß seiner Theorie irrational. Vgl.: Kuhn(2), S. 226; ansatzweise aber auch schon im Postscript zu Kuhn(1).

[7]: Genauso wirft Newton-Smith Popper vor, er habe es nicht vermocht, ein rationales Modell der Wissenschaften aufzustellen. Vgl.: Newton-Smith, S. 75

[8]: So heißt es bei Funke: "Alle Vernunft ist, sofern sie ist, immer schon praktische Vernunft." (Funke(2), S. 287). Auch am Ende des IV. Kapitels (a.a.O.) kommt dieser Gedanke zum Ausdruck.

Anmerkungen zu Kapitel 3.8.

[1]: Zu seiner Wirkung vgl.: Schlitzberger, S. 126ff.

[2]: Vgl.: Spinner(4), S. 65.

[3]: Man vgl. beispielsweise: Albert(1), S. 41 und S. 79.

[4]: a.a.O., S. 30.

[5]: Vgl.: Kap. 3.2.2. und Albert(5), S. 14ff.

[6]: Vgl.: Albert(1), S. 30ff.
Bei Popper gibt es diesen universellen Fallibilismus nicht: vgl.: Kap. 3.5.1.

[7]: a.a.O., S. 41.

[8]: Vgl.: a.a.O., S. 68ff.
Hier ist der Unterschied zu Popper offensichtlich.

[9]: Vgl.: a.a.O., S. 75 und Albert(5), S. 166.

[10]: Vgl.: Albert(1), S. 76f und ALbert(5), S. 27ff.

[11]: Albert(1), S. 183.

[12]: Vgl.: I.

[13]: Vgl.: Albert(1), S. 40; Albert(5), S. 166ff und Albert(6), S. 101.

[14]: Vgl.: Spinner(1), S. 224ff und Watkins(3), S. 61.

[15]: Vgl.: Albert(1), S. 183.

[16]: Diesen Vorwurf muß sich auch J.A. Alt gefallen lassen, der mit Albert für die sogenannten "Brückenprinzipien" eintritt. Vgl.: a.a.O., S. 143ff.

[17]: Albert(5), S. 167.

[18]: Vgl.: Spinner(5).

[19]: Vgl.: OG II, S. 279 und Sbw, S. 193ff.

POPPERS SCHRIFTEN

LdF : Logik der Forschung. Wien 1935, [7]Tübingen 1982. (erste englische Ausgabe 1959).

GE : Die beiden Grundprobleme der Erkenntnistheorie. Aufgrund von Manuskripten aus den Jahren 1930-33 herausgegeben von T.E.Hansen Tübingen 1979.

OG I, II : Die offene Gesellschaft und ihre Feinde. 2 Bde. Bd. I: Der Zauber Platons; Bd II: Falsche Propheten. Hegel, Marx und die Folgen. Bern 1957/58, [6]München 1980 (Urspr. The open Society and its Enemies, London 1945).

CaR : Conjectures and Refutations. London 1963, [4]1974. (eine deutsche Übersetzung ist in Vorbereitung).

EdH : Das Elend des Historizismus. Tübingen 1965 [5]1979. (Urspr.: The Poverty of Historicism, 1944/45.)

OE : Objektive Erkenntnis. Ein evolutionärer Entwurf. Hamburg 1973, 2. Aufl. 1974. (Urspr.: Objective Knowledge. An Evolutionary Approach. Oxford 1972).

RC : Replies to my Critics. In: Schilpp(2), S. 961-1197. (1974).

A : Ausgangspunkte. Meine intellektuelle Entwicklung. Hamburg 1979. (Urspr.: Autobiography of Karl Popper, in: Schilpp(2), S. 3-181 (1974); dann als : Unended Quest, 1976).

IG : (mit J.C. Eccles) Das Ich und sein Gehirn. München 1982. (Urspr.: The Self and its Brain - An Argument for Interactionism, Heidelberg/Berlin/New York 1977).

RAS : Realism and the Aim of Science. From the Postscript to the Logic of Scientific Discovery ed. by W.W. Bartley. London/Melbourne/Sydney/Auckland/Johannesburg 1983

OU : The open Universe. An Argument for Indeterminism. From the Postscript to the Logic of Scientific Discovery ed. by W.W. Bartley. London/Melbourne/Sydney/Auckland/ Johannesburg 1982.

QT : Quantum Theory and the Schism in Physics. From the Postscript to the Logic of Scientific Discovery ed. by W.W. Bartley. London/Melbourne/Sydney/Auckland/ Johannesburg 1982.

FST : Facts, Standards, and Truth: A further Criticism of Relativism. Addendum zur 4. engl. Ausgabe der OG II von 1962. [5]London 1966, S. 369-96. (Geschrieben 1961).

RPD : Remarks on the Problems of Demarcation and of Rationality. In: Lakatos/Musgrave(1), S. 88-102.

LdS : Die Logik der Sozialwissenschaften. In: Adorno u.a., S. 103-123.

KR : (B. Magee) Kritischer Rationalismus - Eine Unterhaltung mit K. Popper. In: Lührs u.a.(1), S. 55-72.

RR : Revolution oder Reform? Herbert Marcuse und Karl Popper. Eine Konfrontation. Hrsgeg.v. F. Stark. München 1971.

I : Interview. In: Deutsche Zeitung vom 2.1.76, S. 9.

GU : Offene Gesellschaft - offenes Universum. Franz Kreuzer im Gespräch mit Karl R. Popper. Wien 1982.

SbW : Auf der Suche nach einer besseren Welt. Vorträge und Aufsätze aus dreißig Jahren. München/Zürich 1984.

ZO : (mit K. Lorenz) Die Zukunft ist offen. Das Altenberger Gespräch. Mit den Texten des Popper-Symposiums. München 1985.

ZITIERTE LITERATUR

ACKERMANN, R.:
The Philosophy of Karl Popper. University of Massachusetts Press, 1976.

ADORNO, TH. W., u.a.:
Der Positivismusstreit in der deutschen Soziologie. Neuwied und Berlin 1969; 9. Aufl. Darmstadt/Neuwied 1981.

ALBERT, H.:
(1) Traktat über kritische Vernunft. Tübingen 1968, ^{4}1968.
(2) Der Mythos der totalen Vernunft. In: Adorno, u.a., S. 193-234.
(3) Im Rücken des Positivismus? In: Adorno u.a., S. 267-305.
(4) Plädoyer für kritischen Rationalismus. München 1971.
(5) Konstruktion und Kritik. Aufsätze zur Philosophie des kritischen Rationalismus. Hamburg 1972.
(6) Transzendentale Träumereien. Karl Otto Apels Sprachspiele und sein hermeneutischer Gott. Hamburg 1975.
(7) (Hrsg.):Theorie und Realität. Tübingen 1964.

ALT, J.A.:
Vom Ende der Utopie in der Erkenntnistheorie. Poppers evolutionäre Erkenntnistheorie und ihre praktischen Konsequenzen. Königstein/Ts. 1980.

APEL, K.- O.:
Transformation der Philosophie. 2 Bde. Frankfurt 1973, zweite Auflage 1976.

ASTER, E.v. / VOGEL, TH.:
Kritische Bemerkungen zu Hugo Dinglers Buch "Das Experiment". In: Erkenntnis, Bd. 2, 1931, S. 1-20.

AYER, A.J. (ed.):
Logical Positivism. Glencoe, Ill. 1959, repr.: Westport, Conn. 1978.

BARTLEY, W.W.:
(1) Flucht ins Engagement. Versuch einer Theorie des offenen Geistes. München 1964.
(2) Rationality versus the Theory of Rationality. In: Bunge, S. 3-31.
(3) Theories of Demarcation between Science and Metaphysics. In: Lakatos/Musgrave(1), S. 40-64.
(4) Wissenschaft und Glaube. In: Neue Anthropo-

logie, hrsg. v. H.G. Gadamer/P. Vogler, Stuttgart/München 1975, Bd. 7, S. 64-102.
(5) The Philosophy of Karl Popper, Part III: Rationality, Criticism and Logic. In: Philosophia (Jerusalem), 1982, Bd. 11, S. 121-221.
(6) Wittgenstein, ein Leben. München 1983.

BELKE, F.:
Spekulative und wissenschaftliche Philosophie. Zur Explikation des Leitproblems im Wiener Kreis des Neopositivismus. Meisenheim a.G. 1966.

BERKSON, W. / WETTERSTEN, J.:
Lernen aus dem Irrtum. Die Bedeutung von Karl Poppers Lerntheorie für die Psychologie und die Philosophie der Wissenschaft. Hamburg 1982.

BLACK, M.:
(1) A Companion to Wittgenstein's "Tractatus". Cambridge 1964.
(2) Sprache. München 1973.

Bunge, M. (ed.):
The Critical Approach to Science and Philosophy. In Honour of Karl R. Popper. Glencoe 1964.

CARNAP, R.:
(1) Über die Aufgabe der Physik und die Anwendung des Grundsatzes der Einfachstheit. In: Kantstudien 28, 1923, S. 90-107.
(2) Die physikalische Sprache als Universalsprache der Wissenschaft. In: Erkenntnis, Bd. 2, 1931, S. 432-65.
(3) Überwindung der Metaphysik durch logische Analyse der Sprache. In: Erkenntnis, Bd. 2, 1931, S. 219-41.
(4) Über Protokollsätze. In: Erkenntnis, Bd. 3, 1932/33, S. 215-28.
(5) Besprechung von K. Poppers "Logik der Forschung". In: Erkenntnis, Bd. 5, 1935, S. 290-94.
(6) Intellectual Autobiography. In: Schilpp(1), S. 3.84.
(7) Einführung in die Philosophie der Naturwissenschaften. München 1969.

CARVALHO, M.C.M. de:
Karl Poppers Philosophie der wissenschaftlichen und der vorwissenschaftlichen Erfahrung. Frankfurt/M. 1982.

COHEN, R. / FEYERABEND, P. / WARTOFSKY, M. (eds.):
Essays in Memory of Imre Lakatos. Reidel, Dordrecht 1976.

CRAEMER, H.:
Für ein neues skeptisches Denken. Untersuchungen

zum Denken jenseits der Letztbegründung. Freiburg/ München 1983.
DETEL, W.:
Zwei Fallstudien zur Prüfung des Falsifikationalismus. In: Zeitschrift für allgemeine Wissenschaftstheorie, 5, 1974, S. 226-246.
DIEDERICH, W.:
Konventionalität in der Physik. Wissenschaftstheoretische Untersuchungen zum Konventionalismus. Berlin 1974.
DINGLER, H.:
(1) Grundlinien einer Kritik und exakten Theorie der Wissenschaften, insbesondere der mathematischen. München 1907.
(2) Physik und Hypothese. Berlin/Leipzig 1921.
(3) Die Grundlagen der Physik. Berlin/Leipzig 1919, völlig neu überarbeitete Auflage 1923.
(4) Der Zusammenbruch der Wissenschaft und der Primat der Philosophie. München 1926.
(5) Das Experiment, sein Wesen und seine Geschichte. München 1928.
(6) Philosophie der Logik und Arithmetik. München 1931.
(7) Über den Aufbau der experimentellen Physik. In: Erkenntnis, Bd. 2, 1931, S. 21-38.
(8) Die Methode der Physik. München 1938.
(9) Die Ergreifung des Wirklichen. München 1955. Hrsg. v. W. Krampf.
DUHEM, P.:
La Théorie Physique: Son Object, sa Structure. Paris 1906. Dt.: Ziel und Struktur der physikalischen Theorien. Übersetzt von F. Adler. Leipzig 1908.
ENGELMANN, P.:
Ludwig Wittgenstein. Briefe und Begegnungen. Wien 1970.
FEYERABEND, P.:
(1) Wider den Methodenzwang. Frankfurt 1976, zweite Aufl. 1983.
(2) Der wissenschaftstheoretische Rationalismus und die Autorität der Wissenschaften. Ausgewählte Schriften, Bd. 1, Braunschweig/ Wiesbaden 1978.
(3) Wissenschaft ohne Erfahrung. In: Feyerabend(2), S. 74-78.
(4) Das Problem der Existenz theoretischer Entitäten. In: Feyerabend(2), S. 40-73.
(5) Erkenntnis für freie Menschen. Frankfurt 1979.
(6) Probleme des Empirismus. Ausgewählte Schriften, Bd. 2, Braunschweig/Wiesbaden 1981.

FISCHER, H.:
Kritik und Zensur. Die Transzendentalphilosophie zwischen Empirismus und kritischem Rationalismus. Diss. Erlangen-Nürnberg 1981.
FREUDENTHAL, H.:
Die Grundlagen der Geometrie um die Wende des 19. Jahrhunderts. In: Mathematisch-physikalische Semesterberichte zur Pflege des Zusammenhanges von Schule und Universität, Bd. VII, 1960, S. 2-25.
FUNKE, G.:
(1) Gesichtspunkte zur Beurteilung von Wissenschaftsbegriffen. In: G. Funke/E. Scheibe: Wissenschaft und Wissenschaftsbegriff. Wiesbaden 1983. S. 3-24.
(2) Von der Einheit durch Begründung und vom "Primat der praktischen Vernunft". In: K. Gloy (Hrsg.): Einheit als Grundfrage des Philosophierens. Darmstadt 1985, S.
GRÜNBAUM, A.:
(1) Philosophical Problems of Space and Time. New York 1963, zweite Aufl.Dordrecht/Boston 1973.
(2) The Structure of Science. An Article on E. Nagel's Book by that Title. In: Philosophy of Science, 29, 1962, S. 294-305.
HAACK, S.:
Philosophy of Logics. Cambridge 1978.
HABERMAS, J.:
(1) Erkenntnis und Interesse. Frankfurt/M. 1968.
(2) Gegen einen positivistisch halbierten Rationalismus. In: Adorno, u.a., S. 235-266
(3) Analytische Wissenschaftstheorie und Dialektik. In: Adorno u.a., S. 155-191.
(4) Zur Logik der Sozialwissenschaften. Frankfurt/M. 1982.
HACKER, P.M.S.:
Einsicht und Täuschung. Wittgenstein über Philosophie und die Metaphysik der Erfahrung. Frankfurt/M. 1978.
HAEBERLI, H.:
Der Begriff der Wissenschaft im logischen Positivismus. Bern 1955.
HAHN, H. / NEURATH, O. / CARNAP, R.:
Wissenschaftliche Weltauffassung. Der Wiener Kreis. Wien 1929.
HAHN, R.:
Die Theorie der Erfahrung bei Popper und Kant. Freiburg/München 1982.
HALLER, R.:
Der erste Wiener Kreis. In: Erkenntnis, 22, 1985, S. 341-58.

HARE, R.:
Die Sprache der Moral. Frankfurt/M. 1972.
HARRIS, J.H.:
Popper's Definition of "Verisimilitude". In: The British Journal for the Philosophy of Science, 25, 1974, S. 160-66.
HELMHOLTZ, H.v.:
Zählen und Messen, erkenntnistheoretisch betrachtet. 1887. Nachdruck: Darmstadt 1959.
HEMPEL, C.G.:
Aspekte wissenschaftlicher Erklärung. Berlin/ New York 1977.
HENKE, W.:
Kritik des kritischen Rationalismus. Tübingen 1974.
HEYDE, J.E.:
Wert. Eine philosophische Grundlegung. Erfurt 1926.
HÜLSMANN, H.:
Die Anonymität von Dialektik im Reden über Dialektik. Zur Philosophie K. Poppers. Kronberg/Ts. 1975.
JANOSKA, G.:
Popper und das Problem der Metaphysik. In: Kantstudien, 58. Jahrgang, 1967, S. 158-72.
JÖRGENSEN. J.:
The Development of Logical Empiricism. Chicago 1951.
JOHANSSON, J.:
A critique of Karl Popper's methodology. Stockholm 1975.
JUHOS, B.v.:
(1) Die methodologische Symmetrie von Verifikation und Falsifikation. In: Zeitschrift für allgemeine Wissenschaftstheorie, Bd. 1, 1970, S. 41-70.
(2) Formen des Positivismus. In: Zeitschrift für allgemeine Wissenschaftstheorie, Bd. 2, 1971, S. 27-62.
KAHL, J.:
Positivismus als Konservativismus. Köln 1976.
KAISER. E.:
Neopositivistische Philosophie im XX. Jahrhundert. W. Stegmüller und der bisherige Positivismus. Berlin 1979.
KALTENBRUNNER, G.K. (Hrsg.):
Plädoyer für die Vernunft. Signale einer Tendenzwende. Freiburg/Basel/Wien 1974.
KENNY, A. :
Wittgenstein. Frankfurt a.M. 1974.
KEUTH, H.:
(1) Realität und Wahrheit. Zur Kritik des kritischen Rationalismus. Tübingen 1978.

(2) Methodologische Regeln des kritischen Rationalismus. Eine Kritik. In: Zeitschrift für allgemeine Wissenschaftstheorie, Bd. 9, 1978, S. 236ff.
KRAFT, V.:
(1) Die Grundformen der wissenschaftlichen Methoden. Wien/Leipzig 1925, zweite Aufl. Wien 1973.
(2) Der Wiener Kreis. Der Ursprung des Neopositivismus. Wien 1950.
(3) Erkenntnislehre. Wien 1960.
(4) Mathematik, Logik und Erfahrung.Wien/New York 1947, zweite Aufl. 1970.
(5) Das Problem der Induktion. In: Zeitschrift für allgemeine Wissenschaftstheorie, Bd. 1, 1970, S. 71-82.
(6) Popper and the Vienna Circle. In: Schilpp(2), S. 185-204.
KRAMPF, W.:
Die Philosophie Hugo Dinglers. München 1955.
KÜNG, H.:
Existiert Gott? München 1978.
KUHN, TH.S.:
(1) Die Struktur wissenschaftlicher Revolutionen. Frankfurt/M. 1967, [4]1979.
(2) Bemerkungen zu meinen Kritikern. In: Lakatos/Musgrave(2), S. 223-69.
KUTSCHERA, F.v.:
Wissenschaftstheorie. 2 Bde. München 1972.
LAKATOS, I.:
(1) Falsifikation und die Methodologie wissenschaftlicher Forschungsprogramme. In: Lakatos/Musgrave(1), S. 89-189 und in Lakatos(2), S. 7-107.
(2) Die Methodologie der wissenschaftlichen Forschungsprogramme. Philosophische Schriften, Bd. 1, hsrg. v. J. Worrall und G. Currie. Braunschweig/Wiesbaden 1982.
(3) Mathematik, empirische Wissenschaft und Erkenntnistheorie. Philosophische Schriften, Bd. 2, hrsg. v. J. Worrall und G. Currie. Braunschweig/Wiesbaden 1982.
(4) (ed.): The Problem of Inductive Logic. Proceedings of the International Colloquium in the Philosophy of Science, London 1962, Vol. 2. Amsterdam 1968.
LAKATOS, I. / MUSGRAVE, A. (Hrsg.):
(1) Problems in the Philosophy of Science. Proceedings of the International Colloquium in the Philosophy of Science, London 1965,

Vol. 3. Amsterdam 1968.
(2) Kritik und Erkenntnisfortschritt. Abhandlungen des Internationalen Kolloquiums über die Philosophie der Wissenschaft, London 1965, Band 4. Braunschweig 1974.

LEINFELLNER, W.:
Einführung in die Erkenntnis- und Wissenschaftstheorie. Mannheim 1965, [3]Mannheim/Wien/Zürich 1980.

LENK, H.:
(1) Philosophie im technologischen Zeitalter. Stuttgart/Berlin/Köln/Mainz 1971, zweite Aufl. 1972.
(2) Philosophische Letztbegründung und rationaler Kritizismus. In: Zeitschrift für philoso-.......phische Forschung, Bd. 24, 1970, S. 183-205.
(3) (Hrsg.): Neue Aspekte der Wissenschaftstheorie. Braunschweig 1971.

LEVINSON, P. (ed):
In Persuit of Truth. Essays on the Philosophy of Karl Popper on the Occasion of His 80th Birthday. Atlantic Highlands 1982.

LÜHRS, G. u.a. (Hrsg):
(1) Kritischer Rationalismus und Sozialdemokratie. Berlin/Bonn-Bad Godesberg 1975.
(2) Kritischer Rationalismus und Sozialdemokratie II. Berlin/Bonn-Bad Godesberg 1976.

MAGEE, B.:
(1) Popper. London 1973.
(2) Karl Popper und der kritische Rationalismus. In:.Lührs u.a.(1), S. 73-87.

MALHERBE, J.F.:
La philosophie de Karl Popper et le positivisme logique. Namur 1976.

MICHALOS, A.:
The Popper-Carnap Controversy. The Hague 1971.

MIDGLEY, M.:
Beast and Man. London 1980.

MILLER, D.:
Popper's Qualitative Theory of Verisimilitude. In: The British Journal for the Philosophy of Science, 25, 1974, S. 166-77.

MOORE, G.E.:
Philosophical Papers. London/New York 1959.

MUSGRAVE, A.:
On a Demarcation Dispute. In: Lakatos/Musgrave(1), S. 78-88.

NAGEL, E.:
The Structure of Science. New York 1961.

NARSKI, I.S.:
Positivismus in Vergangenheit und Gegenwart. Berlin

1967.
NEURATH, O.:
(1) Protokollsätze. In: Erkenntnis, Bd. 3, 1932/33, S. 204-14.
(2) Radikaler Physikalismus und wirkliche Welt. In: Erkenntnis, Bd. 4, 1934, S. 346-62.
(3) Pseudorationalismus der Falsifikation. In: Erkenntnis, Bd. 5, 1935, S. 353-65.
(4) Wissenschaftliche Weltauffassung, Sozialismus und Logischer Empirismus. Hrsg. v. R. Hegselmann. Frankfurt/M. 1979.
NEWTON-SMITH, W.H.:
The Rationality of Science. Boston/London/Henley 1981.
OBERMEIER, O.P.:
Poppers "Kritischer Rationalismus". Eine Auseinandersetzung um die Reichweite seiner Philosophie. München 1980.
OETJENS, H.:
Sprache, Logik, Wirklichkeit. Der Zusammenhang von Theorie und Erfahrung in K.R. Poppers "Logik der Forschung". Stuttgart-Bad Cannstatt 1975.
O'HEAR, A.:
Karl Popper. London/Boston/Melbourne/Henley 1980, repr.: 1982.
PAP, A.:
Analytische Erkenntnistheorie. Wien 1955.
PATZIG, G.:
Nachwort zu: R. Carnap: Scheinprobleme in der Philosophie. Frankfurt 1966, Nachdruck 1976, S. 83-136.
PILOT, H.:
Prolegomena zu einer kritischen Theorie der Erfahrung. Studien zu Popper und Kant. Diss., Heidelberg 1978.
PITCHER, G.:
Die Philosophie Wittgensteins. Eine kritische Einführung in den Tractatus und die Spätschriften. Freiburg/München 1967.
POINCARÉ, H..
(1) La Science et l'Hypothèse. Paris 1902. Dt.: Wissenschaft und Hypothese. Leipzig 1904.
(2) La Valeur de la Science. Paris 1905. Dt.: Der Wert der Wissenschaft. Leipzig 1906.
(3) Dernières Pensées. Paris 1913. Dt.: Letzte Gedanken. Leipzig 1913.
QUINE, W.V.O.:
Zwei Dogmen des Empirismus. In: ders.: Von

einem logischen Standpunkt. Neun logisch-philosophische Essays. Frankfurt/Berlin/Wien 1979, S. 27-50.
QUINN, PH.L.:
The Status of the D-Thesis. In: Philosophy of Science, 36, 1969, S. 381-99.
RADNITZKY, G. ANDERSSON, G. (Hrsg.):
Fortschritt und Rationalität der Wissenschaft. Tübingen 1980.
REICHENBACH, H.:
(1) Kausalität und Wahrscheinlichkeit. In: Erkenntnis, Bd. 1, 1930/31, S. 158ff.
(2) Über Induktion und Wahrscheinlichkeit. Bemerkungen zu Karl Poppers "Logik der Forschung". In: Erkenntnis, Bd. 5, 1935, S. 267-84.
(3) Wahrscheinlichkeitslehre. Leiden 1935.
SCHÄFER, L.:
(1) Über die Diskrepanz zwischen Methodologie und Metaphysik bei Popper. In: Studium Generale, 23, 1970, S. 856-77.
(2) Erfahrung und Konvention. Zum Theoriebegriff der empirischen Wissenschaften. Stuttgart-Bad Cannstadt 1974.
SCHEIT, H.:
Kritische Rationalität oder menschliche Praxis? In: Philosophisches Jahrbuch (i.A. der Görresgesellschaft), 90. Jahrg. 1983, S. 32ff.
SCHILPP, P.A. (ed.):
(1) The Philosophy of Rudolf Carnap. La Salle, Ill. 1963.
(2) The Philosophy of Karl Popper. 2 Bde. La Salle, Ill. 1974.
SCHLEICHERT, H (Hrsg.):
Logischer Empirismus. Der Wiener Kreis. München 1975.
SCHLICK, M.:
(1) Allgemeine Erkenntnislehre. Berlin 1918. Neuauflage: Frankfurt/M. 1979 (Wiederabdruck der 2. Aufl. von 1925).
(2) Die Wende der Philosophie. In: Erkenntnis, Bd 1, 1930/31, S. 4-11.
(3) Positivismus und Realismus. In: Erkenntnis, Bd. 3, 1932/33, S. 1-31.
(4) Über das Fundament der Erkenntnis. In: Erkenntnis, Bd. 4, 1934, S. 79-99.
SCHLITZBERGER, U.:
Kritischer Rationalismus. Die philosophisch-analytische Konzeption Karl Poppers und ihre Wirkung in der Bundesrepublik Deutschland. Diss., Marburg/Lahn 1973.

SCHMID, M.:
Falsifizierbarkeit oder Falsifikation? In: Zeitschrift für allgemeine Wissenschaftstheorie, Bd. 3, 1972, S. 85-87.

SCHNÄDELBACH, H.:
Erfahrung, Begründung und Reflexion. Versuch über den Positivismus. Frankfurt/M. 1971.

SCHNITZLER, G.:
Zur "Philosophie" des Wiener Kreises. Neopositivistische Schlüsselbegriffe in der Zeitschrift "Erkenntnis". München 1980.

SCHOLZ, H.:
Kritischer Konventionalismus und die Philosophie des Als ob. In: Annalen der Philosophie und der philosophischen Kritik, 4, 1924, S. 253-68.

SCHREIBER, A.:
Theorie und Rechtfertigung. Untersuchungen zum Rechtfertigungsproblem axiomatischer Theorien in der Wissenschaftstheorie. Braunschweig 1975.

SEEBOHM, TH.:
Philosophie der Logik. Freiburg 1984.

SETTLE, T.:
The Standard Bearer. In: Levinson, P. (ed.), S. 109-125.

SKIRBEKK, G. Hrsg.):
Wahrheitstheorien. Eine Auswahl aus der Diskussion über Wahrheit im 20. Jahrhundert. Frankfurt/M. 1980.

SPINNER, H.:
(1) Pluralismus als Erkenntnismodell. Frankfurt/M. 1974.
(2) Begründung, Kritik und Rationalität. Zur philosophischen Grundlagenproblematik des Rechtfertigungsmodells der Erkenntnis und der kritizistischen Alternative. Bd.1: Die Entstehung des Erkenntnisproblems im griechischen Denken und seine klassische Rechtfertigungslösung aus dem Geiste des Rechts. Braunschweig 1977.
(3) Popper und die Politik. Bd. 1: Geschlossenheitsprobleme. Berlin/Bonn 1978.
(4) Ist der kritische Rationalismus am Ende? Auf der Suche nach den verlorenen Maßstäben des kritischen Rationalismus für eine offene Sozialphilosophie und kritische Sozialwissenschaft. Weinheim und Basel 1982.
(5) Offener Brief an H. Albert. In: Philosophie aktuell, 2, 1983, S. 80-87.

STEGMÜLLER, W.:
(1) Das Wahrheitsproblem und die Idee der Semantik. Eine Einführung in die Theorien von A. Tarski und R. Carnap. Wien 1957.
(2) Metaphysik, Skepsis Wissenschaft. 2. Aufl. Berlin/Heidelberg/New York 1969.
(3) Probleme und Resultate der Wissenschaftstheorie und analytischen Philosophie. Bd. 1-4. Berlin/Heidelberg/New York 1966ff.
(4) Das Problem der Induktion: Humes Herausforderung und moderne Antworten. In: Lenk(3), S. 13-74. Nachdruck: Darmstadt 1975.
(5) Hauptströmungen der Gegenwartsphilosophie. Bd. 1, 6. Aufl. Stuttgart 1978.

STOVE, D.:
Popper and after. Four modern Irrationalists. Oxford/New York/Toronto/Sydney/Paris/Frankfurt 1982.

STRÖKER, E.:
(1) Falsifizierbarkeit als Kennzeichen natur - wissenschaftlicher Theorien. Zu Karl R. Poppers "Logik der Forschung". In: Kantstudien, 59, 1968, S. 495-512.
(2) Einführung in die Wissenschaftstheorie. Darmstadt 1973, 2. Aufl. 1977.
(3) Konventionalistische Argumente in Karl Poppers Wissenschaftstheorie. In: Erkenntnis, 21, 1984, S. 385-403.

SWANSON, J.W.:
On the D-Thesis. In: Philosophy of Science, 34, 1967, S. 59-68.

TARSKI, A.:
Die semantische Konzeption der Wahrheit und die Grundlagen der Semantik. In: Skirbekk, S. 140-88. (Urspr.: 1944).

TOPITSCH, E. (Hrsg.):
(1) Probleme der Wissenschaftstheorie. Festschrift für Viktor Kraft. Wien 1960.
(2) Logik der Sozialwissenschaften. Köln 1972.

TOULMIN, S.:
(1) Einführung in die Philosophie der Wissenschaft. Göttingen , ohne Jahresangabe. (Original: The Philosophy of Science. London 1953).
(2) Voraussicht und Verstehen. Ein Versuch über die Ziele der Wissenschaft. Frankfurt/M. 1981.

WAGNER, H.:
Hugo Dinglers Beitrag zur Thematik der Letztbegründung. In: Kantstudien, 47, 1955/56, S. 148ff.

WAISMANN, F.:
(1) Logische Analyse des Wahrscheinlichkeitsbegriffs. In: Erkenntnis, Bd. 1, 1930/31, S. 228-248; und in Waismann(4), S. 4-24.
(2) Was ist logische Analyse? In: Erkenntnis, Bd. 8, 1939/40, S. 265-89; und in Waismann(4), S. 42-66.
(3) Logik, Sprache, Philosophie. Mit einer Vorrede von M. Schlick hrsg.v. G.P. Baker und B. McGuiness unter Mitwirkung von J. Schulte. Stuttgart 1976.
(4) Was ist logische Analyse? Gesammelte Aufsätze. Hrsg. v. G.H. Reitzig. Frankfurt/M. 1973.

WALLNER, F.:
(1) Wittgensteins philosophisches Lebenswerk als Einheit. Überlegungen zu und Übungen an einem neuen Konzept von Philosophie. Wien 1983.
(2) (Hrsg.): Karl Popper - Philosophie und Wissenschaft. Beiträge zum Popper-Kolloquium. Wien 1985.

WARNOCK, G.J.:
Englische Philosophie im 20. Jahrhundert. Stuttgart 1971.

WATKINS, J.W.N.:
(1) Comprehensively Critical Rationalism. In: Philosophy, Vol. 44, 1969, S. 57-62.
(2) Imperfect Rationality. In: Explanation in the Behavioural Sciences. Eds.: R. Borger/F. Cioffi. Cambridge 1970, S. 167-217.
(3) CCR: A Refutation. In: Philosophy, Vol. 46, 1971, S. 56-61.
(4) Karl Popper: Die Einheit seines Denkens. In: Grundprobleme der großen Philosophen. Philosophie der Gegenwart I, 2. Aufl. Göttingen 1979, S. 152-215.
(5) Freiheit und Entscheidung. Tübingen 1978.

WEINKE, K.:
Der "kritische Rationalismus". In: Zeitschrift für philosophische Forschung, Bd. 27, 1973, S. 551-568.

WEINGARTNER, P.:
Sind Wertaussagen falsifizierbar? Ein wissenschaftstheoretischer Ansatz im Anschluß an Popper im Bereich der Werte. In: Wallner(2), S. 39-51.

WELLMER, A.:
(1) Methodologie als Erkenntnistheorie. Zur Wissenschaftslehre Karl Poppers. Frankfurt/M. 1967, Nachdruck 1972.
(2) Kritische Gesellschaftstheorie und Positivismus. Frankfurt/M. 1969, [5]1977.

WETTERSTEN, J.:
Die Grenzen der Rationalität und Menschlichkeit. In: Philosophisches Jahrbuch (Görres Gesellschaft), 90. Jahrgang, 1983, S. 198ff.
WEYL, H.:
Philosophie der Mathematik und Naturwissenschaft. In: Handbuch der Philosophie, Abt. II: Natur, Geist, Gott. Hsrg.: A. Baeumler/M. Schröter, München und Berlin 1926.
WILKINS, B.T.:
Has History a Meaning? A Critique of Popper's Philosophy of History. Ithaca, New York 1978.
WITSCHEL, G.:
Wertvorstellung im Werk K.R. Poppers. Bonn 1971.
WITTGENSTEIN, L.:
(1) Tractatus logico-philosophicus. 1921. Auch in: Wittgenstein(2), S. 7-83.
(2) Schriften 1. Frankfurt/M. [4]1980.
(3) Schriften 3. Ludwig Wittgenstein und der Wiener Kreis. Gespräche, aufgezeichnet von F. Waismann. Aus dem Nachlaß hrsg.v. B.F. McGuinness. Frankfurt/M. 1967.
(4) Briefe. Hrsg.: B.F. McGuinness/G.H.v. Wright. Frankfurt/M. 1980.
WITTGENSTEIN, DER WIENER KREIS UND DER KRITISCHE RATIONALISMUS.
Akten des 3. internationalen Wittgenstein Symposiums, 13.-19.8.1978 in Kirchberg am Wechsel (Österreich), hrsg.v. H.Berghel/A. Hübner/E. Köhler. Wien 1979.
WOLNIEWICZ, B.:
Wittgenstein und der Positivismus. In: Wittgenstein, der Wiener Kreis und der kritische Rationalismus, S. 75-77.
WUCHTERL, K. / HÜBNER, A.:
Wittgenstein. Hamburg 1979.
YAMAWAKI, N.:
Die Kontroverse zwischen kritischem Rationalismus und transzendentaler Sprachpragmatik. Königstein/Ts. 1984.